Georg Unger · Moralität – Weltmacht der Zukunft

GEORG UNGER

Moralität – Weltmacht der Zukunft

Erleben des Übersinnlichen
Erkennen des Untersinnlichen

VERLAG AM GOETHEANUM

Gesamtherstellung: Freiburger Graphische Betriebe
ISBN 3-7235-0723-9

Inhalt

Vorwort

Die Mehrzahl der hier vorliegenden Essays ist als Vorbereitung für Vorträge – meist am Goetheanum – entstanden. Sie wenden sich an Anthroposophen, Kenner und Anfänger. Das gibt ihnen das Gepräge: Sie sollen bestimmte Aspekte, die zum Beispiel durch Tagungsthemen oder Festeszeiten nahegelegt waren, in einer Weise darlegen, die zur weiteren Kenntnisnahme beziehungsweise Vertiefung anregt. Manche Einsichten verdankt der Verfasser solcher Vorbereitungsarbeit, die nach bewährtem Vorbild aus verschiedenen Teilen des Gesamtwerkes von Rudolf Steiner die Mitteilungen über Tatsachen der geistigen Welt und ihrer Hintergründe für die Erscheinungen zu vertieften Erkenntnissen zusammendenkt. Daß dabei diese Mitteilungen nicht als «Offenbarungen», sozusagen kritiklos, wiederholt werden, sondern beim Durchdenken und Verbinden *Erkenntnischarakter* annehmen, betrachtet der Verfasser als legitimes Forschungsanliegen.

Eine Ausnahme ist der öffentliche Vortrag über die Mondforschung, von dem eine gute Tonbandnachschrift vorliegt und der als Beispiel für Erkenntnissuche im Vorfeld der Mondlandung seinen Platz finden soll.

Ein weiteres Merkmal ist die wiederkehrende Heranziehung der Mysteriendramen Rudolf Steiners, die einem je länger je mehr als unabhängige Darstellung der Anthroposophie selber gelten und manche Aufschlüsse vermitteln können.

1. Denkerische und Menschenkundliche Grundlagen der Anthroposophie

Im freien geist-erfassenden Denken
Den Willen finden, und in dem Wollen
Des Menschen wahres Wesen, das kräftig
Vom Weltensein geschenkte Eigenheit
Verwirklicht, das löst die Freiheit
Im Leben des echten Seelenseins.

Rudolf Steiner[1]

1.

Immer aufs neue stellt sich die Aufgabe, die Grundlagen der Anthroposophie einführend und in Anknüpfung an zeitgenössische Gedankenformen darzustellen. Der folgende Versuch möchte als Essay – die in den «belles lettres» geschaffene Form – gelten und als solche dem Freunde Friedrich Hiebel gewidmet sein.

Unter den vielen möglichen Anknüpfungen, die sich etwa beim Sprechen vor mehrheitlich jungen Menschen – Schülern, Studenten, Junglehrern – und Mathematikern anbieten, sei die Frage nach der Natur des Menschen als eines *denkenden Wesens* gewählt.

Die Zeitbildung impft einem zwei Grundfragen fast unweigerlich ein: Ist nicht das Denken eine Art Informationsverarbeitung, wie wir sie vom Computer kennen, und folglich das Bewußtsein ein an sich entbehrliches «display», eine Art Mattscheibe, auf der die jeweiligen «Zustände» und Vorgänge nur angezeigt werden, während ihr Ablauf durch ein «Programm» bestimmt ist? Und ist nicht das Denken, selbst in der strengsten Gestalt, die in der Mathematik gebraucht wird, notwendig unzulänglich, um auch nur die Fragen zu beantworten, die es in aufschreibbarer – zum Beispiel einem Computer «sagbarer» – Form ausdrücken kann?

Ich werde das Denken und, im modernen Jargon gesagt, seine «Zusammenschaltung» mit den Sinneswerkzeugen betrachten, um den Weg zur Beantwortung der Fragen zu finden: Gibt es Erkenntnis, und was ist sie?

In der Anthroposophie ist das eine Beschreibung des ersten von drei einander durchdringenden Gliedern der menschlichen Organisation, des Nerven-Sinnes-Systemes. Der Beginn mit solchen Fragen wird auch dadurch nahegelegt, daß Steiner, bevor er als Lehrer der Geisteswissenschaft hervortrat, sich ganz besonders mit dem Wesen des Denkens, ja sogar in einem recht technischen Vergleich befaßt hatte. Dies hängt aber zugleich mit einer weiteren Frage zusammen: Wie nämlich steht es mit dem Handeln und der Freiheit des Menschen? Zu ihrer Beantwortung gehört die Schilderung eines zweiten Systems oder Gliedes der menschlichen Wesenheit, das im Gegensatz zum erstgenannten ganz unbewußt funktioniert. Es heißt Gliedmaßen-Stoffwechsel-System. Dann soll der Mensch von einem dritten Aspekt aus betrachtet werden, dem des rhythmischen Systems, das mit den beiden anderen auf das innigste verbunden ist.

2.

Ist das Denken automatische, programmierte Informationsverarbeitung oder ist es fähig, alle Probleme zu entscheiden, die es formulieren kann? Die Antwort, die Steiner auf ähnliche Fragen sucht, geht bewußtermaßen vom Denken, das man ja benützen muß, also weder vom *Sein* noch vom *Bewußtsein* aus, auch nicht – im Unterschied zu Hegels Philosophie – vom *Begriff*, sondern von der Untersuchung jener Tätigkeit, die erst Begriffe hervorbringt. Mit anderen Worten: Rudolf Steiner trägt dem Erfahrungsprinzip, das wir in der Neuzeit bei aller Wissenschaft so hoch stellen, in extremster Weise Rechnung. Anders gesagt: Der «naive Realist» nimmt das durch Sinne und Denken Vermittelte schlechthin für Wirklichkeit. Nur beim Denken jedoch ist diese – im täglichen Leben so notwendige wie nützliche – Haltung *wirklich kompromißlos* durchführbar.

So wird das Denken Erfahrung, zur «höheren Erfahrung in der Erfahrung». Wir können dabei mit Worten und Begriffen nichts anderes tun, als darauf hinweisen, daß man beobachten kann, was einem der Begriffsinhalt sagt. Man kann erleben, daß dieser Inhalt die Welt beleuchtet und erklärt und – jedenfalls im Moment seines Auftretens als höhere Erfahrung – nicht selber erklärungsbedürftig ist. Diese zentrale Erfahrung kann nur vom einzelnen selbst erlebt werden. Man kann sie nicht aus irgendwelchen Voraussetzungen her ableiten oder «beweisen». Aber diese Erfahrung kann einem die intuitiv erlebte Gewißheit ihrer Wahrheit und Realität geben. Kurz: Ich denke um der Begriffs*inhalte* willen, weil sie mir etwas sagen. Sei es, «der Himmel ist blau», sei es, «Zwei ist eine gerade Zahl» oder sei es gar ,«Blauheit und Gradzahligkeit sind beides Begriffsinhalte».

Der Nachweis, daß und wie Erkenntnis möglich ist, beginnt an diesem Punkt. Ich will ihn nicht ausführlich darzustellen versuchen, doch einige Bemerkungen sollen hier ihren Platz finden. Die erste ist, daß die Einsicht in die durch Denkerfahrung vermittelte Möglichkeit der Erkenntnis – gerade weil Erfahrung weit über das Denken hinausreicht und uns die Doppelheit der Erkenntnis zeigt: Diese hat zwei Quellen, Erfahrung und Denken oder auch, eingeschränkter, Sinneswahrnehmung und begriffliche Intuition.

Die zweite Bemerkung ist, daß dabei erlebt werden kann, daß der Weltprozeß im Menschen (erst) seine Vollendung findet, daß also Erkenntnis zur Welt gehört, nicht bloß Abbildung ist, ja, daß die so erlebte und ergriffene Wirklichkeit nicht im Sinn des naiven Realismus «ist», sondern «wird», so schockierend diese Einsicht im ersten Moment sein mag.

Die dritte ist, daß erst jetzt die Mittel erworben sind, um an die Frage, die ich an die Spitze stellte, auch nur heranzutreten. Formelhaft zusammengefaßt möchte ich sagen: *Im Menschen geschieht Vergeistigung der Welt.*

3.

Nun beginne ich mit dem Gliedmaßenmenschen, der sich sogleich als ein Paradox erweist: Der aufrechte Gang, für den der ganze Bauplan eingerichtet ist, wie die Stellung der Oberschenkelknochen oder die Ausbildung der oberen Halswirbel zwingend erweisen, hängt vom Bewußtsein ab. Schon dessen leise Dämpfung läßt einerseits, wie man weiß, das Gleichgewicht schwinden. Aber andererseits entzieht sich nicht nur völlig dem Bewußtsein, wie die unwillkürlichen Bewegungen, zum Beispiel beim aufrechten Gang, sondern auch, wie die willentlichen Bewegungen zustande kommen. Und mit den Stoffwechselvorgängen steht es ebenso. Sie laufen – beim Gesunden – ja ganz ohne Anteil des Denkens ab. Kurz, der Wille, der die Glieder bewegt, schläft.

Aus denselben Voraussetzungen, die zu den eingangs gestellten Fragen führen, folgt mit Notwendigkeit die weitere Frage, ob denn die Handlungen des Menschen frei sein können. Die Freiheitsfrage selber steht in der Polarität, ob die Handlungen determiniert, also unfrei sind oder indeterminiert, also «zufällig», – das heißt ebensowenig frei im ethischen Sinne. Ich will nun auf der Grundlage der Einsicht, die aus dem Vorausgehenden erwachsen kann, den Gründen des Handelns nachgehen. Eine Stufenfolge wird sichtbar von den Trieben, die – wie der Selbsterhaltungstrieb – alle bewußte Motiven überwältigen können, bis hin zu den sittlichen Grundsätzen oder ethischen Ideen. Wichtige Etappen dieser Skala sind (natürlich wieder ganz skizzenhaft) die Triebfedern, teilweise bestimmt durch den Charakter und die augenblicklichen Bestimmungs- oder Beweggründe, die Motive. Die Beweggründe des höchsten Niveaus sind ethische Vorbilder, sittliche Maximen und die aus moralischer Intuition stammenden ethischen Ideen. Diese letzteren stellen die eigentliche Sphäre der freien Handlungen dar. Sie sind nur möglich, wenn Erkenntnis im Sinn des Dargestellten existiert. Dann tritt moralische Intuition in gleicher Weise wie die begriffliche Intuition auf, und sie trägt dieselbe Erkenntnissicherheit in sich. Dann ist das bewußte menschliche Handeln frei – mit dem freien Denken als Wurzel.

Im Gegensatz zu allen Einwänden gegen die Möglichkeit wahrhaft freien Handelns besitzt der Mensch die Möglichkeit eines Wissens um die Gründe seines Handelns. Er kann sich aus moralischer Intuition die Gründe als neue ethische Ideen selber setzen oder durch «moralische Phantasie»[2] aus schon vorhandenen Vorbildern und sittlichen Maximen die richtigen Motive seines Handelns erleben. Ich sage hier nicht absichtlich nicht «wählen», denn es handelt sich nicht um Wahlfreiheit, sondern um Verwirklichung einer bereits vorhandenen Einsicht.

Der Mensch sieht sich so *der Möglichkeit nach* frei, ohne zu meinen, er handle stets frei. Indem er aber moralische Ideen in Taten umsetzt, geschieht das Polare zum Schlußsatz des letzten Abschnittes: *Im freien Handeln geschieht durch den Menschen Verwirklichung des Geistes.*

Eine Frage, die hier auftaucht, ist, ob denn die freien Taten «gut» seien. Die Antwort ist so überraschend wie jene, daß die Wirklichkeit nicht «ist», sondern «wird», nämlich – und sie kann im eigenen Nachsinnen aus den hier gegebenen Andeutungen erlebend bestätigt werden – : *Das sittlich Gute entsteht durch freie Handlungen.*

4.

Wir haben den erkennenden Menschen, der dies als Hauptesmensch ist, und den aus Erkenntnis, also frei handelnden Menschen, der dies als Gliedmaßen-Stoffwechsel-Mensch ausführt, betrachtet. Aber der volle Mensch hat noch ein drittes Glied, das zwischen dem Hauptes- und dem Gliedmaßen-Menschen vermittelt: das rhythmische System.

Menschenkundlich ist unmittelbar anschaulich, wie der Blutkreislauf zwei wichtige Funktionen zugleich ausübt. Er dient dem Stoffwechsel, zum Beispiel durch den Blutzukker und andere Stoffe, und der Atmung durch den Blutfarbstoff. Im Atemrhythmus von vier Pulsschlägen pro Atemzug und 18 Atemzügen in der Minute, also 25,920 in 24 Stunden, spiegeln sich kosmische Verhältnisse. Im «Herzens-Lungenschlag» – eine Wortprägung Rudolf Steiners – lebt das Fühlen so, wie das Vorstellen im Sinnes-Nerven-System und der schlafende Wille in der weisheitsvollen, wenngleich nicht bewußt erlebten Tätigkeit des Stoffwechselmenschen waltet. Erst in der Durchdringung der drei Systeme oder Glieder steht der Mensch ganz vor uns. Man denke nur, wie das Nervensystem einerseits alle Blutbahnen begleitet, wie umgekehrt der Nerv im Innersten ein Totes ist, dessen Funktion gleichsam eine Schädigung des Lebens darstellt und der durch Umspülung der Nervenscheide mit Blut immer wieder «geheilt» werden muß. In der Wissenschaft ist die bedeutende Rolle des Blutes für das Nervensystem wohl bekannt, weiß man doch um die verhängnisvolle Wirkung von Unterbrechung der Blutzufuhr des Gehirns auch nur für wenige Minuten. Das Problem des klinischen Todes ist hiermit nur gestreift, wenn das Gehirn nach längerem Herzstillstand «stirbt» . Andererseits ist die eigentümliche Blutversorgung der Leber durch venöses Blut im Pfortadersystem ein deutliches Bild der Verflechtung von Stoffwechsel und Blutkreislauf.

Das Fühlen ist handgreiflich mit dem Herzschlag verbunden. Der nur erkennende und handelnde Mensch wäre angesichts der Dreigliederung seines Organismus eine Karikatur, wenn nicht das Fühlen hinzuträte.

Aus den Grundlagen der Anthroposophie ergibt sich ein Verständnis für die Verwandlung, die die Idee des Schönen zur Goethe-Zeit durchmachte. War eine ältere Auffassung des Schönen die Idee im Stoff erscheinen zu lassen, so lebte in Goethes künstlerischem Schaffen ein Neues.

Steiner hat es formuliert und noch im 19. Jahrhundert ausgesprochen. Denn Goethe war bei aller Klarheit über seine Prinzipien doch nicht ein reflektierender und schon gar nicht selbstreflektierender Denker «Mein Kind ich hab es gut gemacht. Ich hab' nie über das Denken gedacht.»[3] Goethe als Vater einer neuen Ästhetik[4] produzierte künstlerisch, indem er bestrebt war, seinen Stoff in die Sphäre der Idee zu heben. «Das Schöne soll nicht eine Idee verkörpern, sondern einem Wirklichen eine solche Gestalt verleihen, daß es vollkommen und göttlich wie eine Idee vor unsere Sinne tritt[5]» (Also nicht die noch immer in vielen Kunsttheorien behauptete Darstellung von Ideen, sei es sogar im «sozialistischen Realismus» die Verherrlichung des Traktors, sondern die Verwandlung des Stoffes; nicht der Ausdruck der Subjektivität, sondern die Schöpfung des freien Menschen, der in der Idee leben kann, ist auch das Ziel des Künstlers.)

Phantasie heißt (in wörtlicher Übersetzung aus dem

Griechischen) «Einbildungskraft». Von Goethe stammt das Wort für den Naturwissenschaftler: «exakte Phantasie». Vor allem der Mathematiker weiß um das Treffende dieser Bezeichnung. Im Englischen nennt man sie «imagination», was mit «Bild» zusammenhängt.

Anthroposophie erscheint als Weg zu höherer Erkenntnis. Die erste Stufe übersinnlichen Wahrnehmens wird als «Imagination» bezeichnet und dadurch charakterisiert, daß in phantasie*ähnlichen* (aber keineswegs phantastischen) *Bildern* sich das Übersinnliche ausdrückt, wenngleich nicht selber erscheint. In einem Vergleich, denn nur gleichnishaft, bildhaft kann darüber gesprochen werden, würde man sagen, die Imagination erscheint einem wie eine Schrift, deren Sprache und Inhalt erst noch zu lernen ist. «Hellsehen» im Sinn der Anthroposophie ist (zunächst): Imaginationen haben. Diese Bilder enthalten das Übersinnliche und drücken es aus. Die Bilder des Künstlers erscheinen in der Sinneswelt und heben diese in die Sphäre der Idee. Hierin sind Ähnlichkeiten und Unterschiede von geisteswissenschaftlicher und künstlerischer «Imagination» beschlossen.

Der Abschnitt schließt mit bewußter Betonung des Künstlerischen, um verständlich zu machen, warum es einen so wichtigen Platz in allem Anthroposophischen einnimmt (oder einnehmen sollte). Hier ist zugleich der Ort, darauf hinzuweisen, daß die «Dreigliederung des menschlichen Organismus» nicht ein abstrakter Gedanke ist. Die Vorstellung des Nervensystems als jenes im anatomischen Atlas gezeigten Präparates aller vom Gehirn und Rückenmark ausgehender Nerven wäre als System ganz verfehlt, allenfalls als Sinnbild brauchbar. *Diese Dreigliederung ist bereits eine erste Imagination im geisteswissenschaftlichen Sinn,* welche man sich aber erst übend und gradweise erwirbt.

5.

Auf das bisherige rückblickend, ist zu bemerken, daß Rudolf Steiner selbst in seinem ganzen Wirken bis zum 42. Lebensjahr an den denkerischen Grundlagen arbeitete, die er in seiner publizistischen Tätigkeit umfassend anwendete und vertrat. Ich habe in drei Schritten diese Grundlagen mit der von Rudolf Steiner erst 1917 veröffentlichten Anschauungsweise vom Menschen als Hauptes-, Gliedmaßen- und rhythmischen Menschen verknüpft, der «Dreigliederung», die im Gegensatz zu einer Tripartition eine lebendige Idee, eine Imagination ist.[6]

Das Denken ist Schauplatz für die Durchführung des strengsten Erfahrungsprinzipes, was in der Tat angeht, aber auch notwendig ist, weil Beobachtetes und Instrument von gleicher Natur sind.

Das bewußte menschliche Handeln ermöglicht die Freiheit. Seine Untersuchung lehrt im Denken den Willen finden.

In der künstlerischen Phantasie und der neuen Auffassung vom Schönen tritt die dritte, vermittelnde Seite der Menschennatur hervor. Drei Dinge sind verwandt: die moralische Phantasie, die künstlerische Einbildungskraft und die Imagination als übersinnliche Erfahrungsweise.

Was wir jetzt zusammenfaßten, drückt sich bemerkenswert in der Biographie Rudolf Steiners aus. Sein Leben im 19. Jahrhundert ist das eines Mannes der Kultur und Literatur – dürfte man sagen der «belles lettres»? –, mit der Besonderheit, daß er auf dem Weg über ein Studium der Naturwissenschaft und Mathematik seinen Lehrer K. J. Schröer und dadurch die Aufgabe der Herausgabe von «Goethes naturwissenschaftlichen Schriften» (GA 1) fand. In wachster Aufmerksamkeit wird in unzähligen Artikeln, Aufsätzen, Rezensionen von Büchern, von Aufführungen und Kulturereignissen das kulturelle Leben des alten

Österreichs, dann von Weimar und später von Berlin verfolgt. In dieser Zeit wird die neue Ästhetik formuliert. Früh wird in einem Aufsatz gegen den Atomismus ein ganz moderner naturwissenschaftlicher Vergleich – mit dem Telegraphen – für das Verhältnis des ideellen (geistigen) Inhaltes, auch der Sinneswahrnehmung, zum jeweiligen Träger oder Medium gebraucht. Ganz andeutungsweise wird in der Besprechung von Goethes «Märchen von der schönen Lilie und der grünen Schlange» *Esoterisches*, das in ihm lebte, angetönt.[7] Die Jahrhundertwende sieht den Gedankenkünstler, der er als Schriftsteller wahrhaft ist, auch als hochgeschätzten Lehrer an der Arbeiterbildungsschule, begründet von Sozialisten, die ihn, der ein «idealistisches» Geschichtsbild lehrt, lange duldet und endlich – entgegen dem Abstimmungsergebnis der Schüler – unter dem Vorwand entfernt, er könne als Generalsekretär der deutschen Sektion der Theosophischen Gesellschaft sich nicht mehr genügend der Schule widmen.

Auf Grund eines Vortrages über Nietzsche – mit dem er sich intensiv von zwei Seiten befaßt hatte, als dem Vertreter unbedingter Ehrlichkeit gegenüber einer materiellen Wissenschaft, die ein unwahr gewordenes Verhältnis zur Religion hatte, und als psycho-pathologisches Phänomen[8] – wurde Steiner in die theosophische Bibliothek eingeladen, wo er über «Die Mystik ...»[9] und dann über «Das Christentum als mystische Tatsache»[10] spricht und so als geistiger Lehrer erkannt wird. Er nimmt dann den Ruf als Leiter der Theosophischen Gesellschaft (und zwar als Generalsekretär der zu bildenden deutschen Sektion) an, nachdem er schon lange diese Gesellschaft kannte und aus guten Gründen gemieden hatte. Entscheidend war eine ihm gestellte Frage (durch Marie von Sivers, die spätere Marie Steiner), ob man eine christlich-abendländische Geistbewegung beginnen könne. So erzählt er es später selber.[11]

Die stille Ausbildung der abendländischen Geisteswissenschaft als Schulungsweg («Wie erlangt man Erkenntnisse der höheren Welten?»), als Kosmologie («Die Geheimwissenschaft als Umriß») mit einem frühen Ansatz zu Karma-Übungen (zur konkreten Einsicht in die Zusammenhänge individueller Wiederverkörperungen und ihrer Schicksals- oder karmischen Zusammenhänge) führen in der Gestalt von Vortragszyklen zur geisteswissenschaftlichen Aufklärung über die Natur der Evangelien und die Geheimnisse des Christus-Lebens.

Diese Zeit ist von einer wachsenden Reisetätigkeit erfüllt, in welcher der Eisenbahnersohn, der die Kindheit in einfachsten Verhältnissen verbracht hatte, Tag und Nacht mit der Eisenbahn reist, überall Vorträge hält und von unterwegs eine stets zunehmende Bewegung eigener Schüler in der Theosophischen Gesellschaft leitet. In diese Zeit fällt der künstlerische Impuls, den Steiner machtvoll in die von ihm aufgebaute Bewegung einfügt. Anstelle einer hier nicht angebrachten Biographie folgen noch einige Hinweise.

In den «Mysteriendramen»[12], von ihm geschrieben und zur Aufführung gebracht, erscheinen in einem neuen Geistrealismus nicht nur Menschen auf der Bühne, sondern auch geistige Vorgänge und Wesenheiten. Die Wiederverkörperung und Schicksalsverhältnisse (Karma) sind künstlerisch freilassend gestaltet.

Ein Bau für die Aufführungen wird verlangt, erst in München geplant, dann in Dornach errichtet. Paradigmatisch: Der Fünfzigjährige ergreift in einer Probe den Pinsel und malt für Bühnenzwecke ein Bild, um dann in der Folge als Architekt, Plastiker und als Gestalter einer neuen Bewegungskunst ein monumentales, je länger je mehr nach seinem Tode Anerkennung findendes künstlerisches Werk zu schaffen. Die Grundsteinlegung des Dornacher Baus steht in der Mitte zwischen der Absicht der Karma-Übungen von 1902 und den später für die neue Hochschule am «Goetheanum», wie der Bau von ihm später genannt wurde, gehaltenen Karma-Vorträgen[13]. Die Freie Hochschule für Geisteswissenschaft soll den Anfang machen für eine in die Zukunft weisende Erneuerung der Mysterien. Die Menschheit war in der Vergangenheit aus dem Dunkel der Mysterien in ihren wesentlichen Angelegenheiten geführt worden. Die Menschen sollen als freie Individualitäten lernen, sich selber aus geistiger Einsicht zu leiten. Das ist Anthroposophie, als Wort kontrastierend mit Theosophie – Gottesweisheit; der Sinn ist, daß der Mensch über das Geistige im Weltall Aufschluß erhält, indem er den Menschen selber zum Erkenntnisinstrument umgestaltet. Das ist zugleich Erfüllung der in der Erkenntnislehre veranlagten und hier in den Vordergrund gestellten denkerischen Grundlagen und zugleich äußerste Vertiefung eines Wortes des ganz jungen Steiner:

«Das Gewahrwerden der Idee in der Wirklichkeit ist die wahre Kommunion des Menschen.»[14]

---

1 Rudolf Steiner, Wahrspruchworte, GA 40.

2 Ders., Die Philosophie der Freiheit, GA 4, im gleichnamigen Kapitel.

3 Zitiert nach: Rudolf Steiner, Goethes Weltanschauung, GA 6.

4 Titel eines Vortrages Rudolf Steiners, in: GA 30 bzw. GA 271.

5 Ders., Methodische Grundlagen der Anthroposophie, GA 30, S. 43.

6 In: Ders., Von Seelenrätseln, GA 21.

7 In: Ders., Goethes Geistesart in ihrer Offenbarung durch seinen «Faust» und durch das Märchen von der Schlange und der Lilie, GA 22.

8 Ders., Friedrich Nietzsche, ein Kämpfer gegen seine Zeit, GA 5.

9 Ders., Die Mystik im Aufgange des neuzeitlichen Geisteslebens und ihr Verhältnis zur modernen Weltanschauung, GA 7.

10 Ders., Das Christentum als mystische Tatsache und die Mysterien des Altertums, GA 8.

11 Im fünften Vortrag Rudolf Steiners (15. Juni 1923) der Reihe «Die Geschichte und die Bedingungen der anthroposophischen Bewegung im Verhältnis zur Anthroposophischen Gesellschaft. Eine Anregung zur Selbstbesinnung», GA 258.

12 Rudolf Steiner, Vier Mysteriendramen, GA 14.
13 Ders., Esoterische Betrachtungen karmischer Zusammenhänge, GA 235–240.
14 Ders., Goethes Naturwissenschaftliche Schriften, GA 1, Einleitung zu Bd 4, S. IV.

2. Moderne Mondforschung und Geistverständnis des Mondes

Moderne Mondforschung und Geistverständnis des Mondes scheinen einander ausschließende Begriffe zu sein. Die moderne Mondforschung besteht nicht allein im immer besseren Fotografieren – erst von Raketen außerhalb der Erdatmosphäre, dann von Satelliten und schließlich von Mondumkreisungen aus –, sondern sie umfaßt noch andere Dinge. Dazu gehört zum Beispiel, daß aus den Bahnen von Satelliten, die um die Erde kreisen, die Anziehungskraft des Mondes untersucht wurde.

Dieser Tage wurde eine Arbeit veröffentlicht, die geradezu revolutionären Aufschluß über die Kontinentenverteilung der Massen auf dem Monde gibt. Eine alte Streitfrage scheint sich ihrer Lösung zu nähern: Aus was nämlich bestehen die Gebirge des Mondes, welche Teile, die man aus historischen Gründen Meere nennt – sie sind ja bekanntlich wasserlos –, genauer, welche Teile dieser sogenannten Meere bestehen aus schwerem und welche aus verhältnismäßig leichtem vulkanischen Gestein? Wie gesagt, Untersuchungsmittel sind allerfeinste Bahnabweichungen aus Zehntausenden von Einzelbeobachtungen der Bewegung von Erdsatelliten, beeinflußt durch die Schwere des Mondes.

Zur modernen Mondforschung gehört weiterhin, daß

schon in den Jahren 1966 und 1967 irdische Körper auf dem Mond gelandet sind, ausgerüstet mit telemetrischen Einrichtungen, welche die Meßdaten zurückmelden und sozusagen Fernsehbilder übertragen. Bei einer Weltreise im Jahre 1967 hatte ich das Glück, eine Spezialführung um den im Bau befindlichen Surveyor – so heißt diese Mondsonde – zu erhalten. Die Führung wurde geleitet von einem jüngeren Wissenschaftler, der zur Zeit, da er mich führte, Lehrer an der Waldorfschule in Los Angeles geworden ist, aber beteiligt war beim Bau der vorhergehenden Mondsonde, um ein wichtiges Stabilisierungsinstrument zu entwerfen: den sogenannten Canopus-Finder. Canopus ist ein heller Stern im Sternbild des Hundes, wenig sichtbar auf der nördlichen Halbkugel, ein Stern, der weit genug von der Sonne entfernt ist in allen ihren Lagen, um mit zwei Richtungsbestimmungen die Lage eines frei kreisenden Körpers festlegen zu können. Also sozusagen ein elektrisches Auge ist auf die Sonne gerichtet, dann kann sich der Körper um diese Sehlinie als Achse drehen. Ein zweites «Auge» spricht in Richtung eines gewissen Himmelsstreifens gerade auf das Licht dieses Sternes Canopus an und ist zum Beispiel so eingerichtet, daß es ausschaltet, wenn das zu starke Licht der Sonne darauf fallen würde (so lange nämlich die Sonde noch gewissermaßen «purzelt» da draußen). Das ganze Instrument, welches dazu dient, automatisch die Lage eines solchen Gebildes im freien Raum auf der Bahn auf dem Fixsternhimmel oder auf Fixsternhimmel und Sonne auszurichten, ist nicht größer als ein Einmachglas und enthält Tausende von Bestandteilen. Von seinem Funktionieren hängt das Gelingen der ganzen Mission ab, denn nur aus wohldefinierter Ausgangslage konnte das Landemanöver gewagt werden. Es war also eine höchst sachverständige Führung, die mir zuteil wurde, und dabei wurden interessante Einzelheiten berichtet. So zum Beispiel der menschlich ansprechende Zug, daß ein Mann ohne Geld quer durch Nordamerika getrampt ist, per Autostop würden wir sagen, der Firma Hughes News Aircraft Company gemeldet hat und sagte: Ich will bei eurem Projekt mitmachen! Er hatte keine Ausweispapiere, und man sagte: Nun, beschäftige dich einmal mit dem Greifarm, den wir an diesem Instrument anbringen, der den Mondboden etwas durchpflügt – und aus dessen Kraftaufwand Rückschlüsse auf die Schwere und auf die Konsistenz des Bodens gezogen werden können, auf dem die Sonde gelandet sein wird. Es mußten also die weiten Möglichkeiten von staubartigem, sandartigem, lavakrustenartigem Untergrund und seinen verschiedenen Schwere- und Dichteverhältnissen vorgesehen werden. Dafür wurde eine Art Scherengitter benützt, wie man es da und dort sieht, um ein Tablett daran bewegen zu können. Wer etwa die Weihnachtsspiele aus Oberuferer Volkskunst kennt, weiß, daß dort der Stern des Sternsingers an einer solchen Schere bewegt wird. Eine solche Schere hatte also dieser Surveyor. Alles mußte mit Impulsen gesteuert werden, und es wurde uns vorgeführt, wie – jetzt natürlich nicht durch Radio übertragen – die Steuerung des Winkels, des Auslegens, des Heranziehens, des Abhebens und so weiter durch Knopfdruck mit einfachen Befehlen übermittelt werden kann.

Ein halbes Jahr später hatte mich der Weg dieser Weltreise nach Südafrika geführt. Durch glückliche Umstände war es möglich, fast im letzten Moment bei einer Besuchsexkursion zum ersten südafrikanischen Atommeiler noch einen Abstecher zur Tiefraum-Verfolgungsstation zu machen: the Deep Space Tracking Station. Es ist dies eine wissenschaftliche Einrichtung mit einem riesigen Parabolspiegel, der beweglich aufgestellt ist, nach dem Mond deutet, die schwachen elektrischen Impulse konzentriert, millionenfach verstärkt und dann an eine Auswertungszentrale übermittelt. Und es war wieder ein glücklicher Zufall, daß gerade um die Zeit meines Besuches die ersten Signale von jenem Surveyor ankamen, den ich ein halbes Jahr vorher in Los Angeles besichtigt hatte. Es ist schwer, sich eine solche Situation zu vergegenwärtigen. Da sitzen Dutzende von Menschen, wirklich nicht übertrieben, an Dutzenden von Fernsehschirmen oder fernsehschirmartigen Oszilloskopen, auf denen die Signale in der Rohform und nach verschiedenen Stufen der Reinigung gezeigt werden. Diese Menschen sind in ständiger Sprechverbindung mit anderen Stellen der Erde, zum Beispiel mit Kap Kennedy oder der anderen Verfolgungsstation an der nordamerikanischen Westküste. Ihre erste Aufgabe war, beim Start der Rakete zu überwachen, daß alles programmgemäß ging. Da gab es zum Beispiel einen toten Winkel, aus dem nach dem Start kein Meßresultat erhältlich war, bis die Rakete dann in das Blickfeld dieses Spiegel gerät und entscheidende Sekunden darauf verwendet werden müssen, zu entscheiden, ob Bahnkorrekturen notwendig sind, ob eventuell eine Sprengung, um ein Unglück zu verhindern, notwendig ist und dergleichen. Im weiteren Verlauf ist diese Verfolgungsstation dazu da, die einfallenden Impulse auf die Fernsehbilder umzusetzen, wiederum durch raffinierte Techniken zu reinigen und anderes mehr. Die Zusammenarbeit ist von höchster Konzentration. Die Menschen blicken wie gebannt auf die Kurvenformen, können lesen, ob die Übermittlung gut funktioniert ... Der Empfänger ist ein kleiner Kasten im Brennpunkt dieses Parabolspiegels, von welchem übrigens auch Impulse ausgehen. Als wir uns dem Haus näherten, wurden wir in der Nähe auf eine kleine Anhöhe geführt, um seitlich in den Spiegel hineinblicken zu können. Aber dann hieß es: Keinen Schritt weiter, sonst geraten Sie in das Feld der ausgesandten Befehlsimpulse, die abwechseln mit den einfallenden, welche so stark sind, daß sie dem Menschen schaden würden. Ein kleines Haus neben diesem Institut ist nichts anderes als die Zentrale zur Herstellung von flüssigem Helium, welches durch eine armdicke Leitung hinaufgeführt wird zur Kühlung des empfindlichen Empfangsinstrumentes und des ersten Verstärkers. So nebenbei erfährt man: Natürlich hat diese Station ihre eigene Kraftzentrale; sie muß sicher funktionieren. Beiläufig wird gesagt: Sie ist fünffach bestückt, nicht etwa doppelt. Es laufen während einer kritischen Phase alle Aggregate in Reserve mit elektronischen Umschaltern, die so schnell bei einer Störung auf eine andere Kraftquelle umschalten können, daß diese teuren Missionen nicht durch das Versagen eines Einzelteiles, etwa der Kraftquelle, gestört werden können.

Ich wollte mit diesem kurzen persönlichen Bericht nur die Stimmung erwecken: Es herrscht eine globale Zusammenarbeit von Menschen, die über große Distanzen hinweg in ununterbrochener Sprechverbindung stehen. Und das sind ja alles Vorstufen für die nun letzte Weihnachten geglückte, sensationelle Umrundung des Mondes. Ein wichtiges Resultat dieser Mondforschung ist: Nicht nur die vorher geahnte Übereinstimmung der Mondmaterialien mit bestimmten vulkanischen irdischen Materialien hat sich bestätigt, sondern speziell, daß lava- und basaltartige Gesteine vorkommen. Diese Ergebnisse wurden wiederum durch ausgeklügeltes Ineinanderspiel automatischer Apparaturen gewonnen, die zum Beispiel die Bestrahlungen des Untergrundes, auf dem die Sonde gelandet ist, und die Auswertung der Antwortstrahlung radioaktiver Natur an Ort und Stelle vornehmen, denn noch konnte man nicht Materialproben zurückbringen.

Ein anderes Ergebnis der Raumforschung der letzten Jahre ist die Einsicht, daß der Mond viel mehr, als man früher dachte, die Steuerung gewisser den Raum durchziehender Vorgänge bewirkt, die einen starken Einfluß auf irdische Geschehnisse haben. Andere Punkte sind Erkenntnisse über die Natur des Mondbodens und über die Rolle des Mondes als eine Art beweglichen «Fensters». Auf diese Ergebnisse werde ich noch eingehen.

Es ist aber noch einer ganz anderen Seite der modernen Mondforschung zu gedenken. Erst vor wenigen Jahren ist eine alte Lehre experimentell empirisch bestätigt worden, die Lehre nämlich, daß der Mond wirklich einen Einfluß auf irdische Vorgänge hat, nicht nur auf die sogenannten Gezeiten, Ebbe und Flut. Den Einfluß auf die letztere kannte man schon lange. Man hatte schon früher empirisch die Mondstellung mit der sogenannten Hafenzeit von Ebbe und Flut an verschiedenen Küstenorten in Übereinstimmung, in ein gegenseitiges Verhältnis gebracht. In den letzten dreihundert Jahren ist die Gezeitentheorie ungeheuer ausziseliert worden. Sie hat bestimmte Rätsel aufgegeben. Eines davon ist, daß man die wirklichen Gezeitenströmungen auch dann nicht voll versteht, wenn man die Störungen durch die Küstengestaltung und die Tiefen des Meeres mit in Betracht zieht. Man muß noch zu etwas anderem greifen. Man muß die ganze Erde als Wasserorganismus in rhythmischen Wirkungen denken, in solchen, auf die die feinsten Impulse des Mondes gewissermaßen impulsierend, steuernd wirken, und nicht grobschlächtig das Wasser unter dem Mond hochziehen, daß es eine Flut gibt, oder die Erde anziehen und den entfernteren Wasserteil weniger anziehen, so daß es eben noch eine zweite Flut gibt. Denn es ist nur die elementare Seite der Ebbe- und Flutlehre, daß man versteht, es gibt zwei Fluten, eine auf der Mondseite, eine auf der Gegenseite. Aber man mußte einsehen, daß etwas hineinspielt wie *Zusammenklang von Schwingungen.* Ich selbst hatte vor fünfundzwanzig Jahren Berechnungen anzustellen über die Eigenschwingungen der irdischen *Atmosphäre*, die wiederum genau mit der täglichen Umdrehungsperiode der Erde zusammenstimmen. Man muß sich fragen: Was drückt sich darin aus, daß die Schwingungen der Erdatmosphäre, die auch eine Art Gezeitenwirkung haben in einer täglichen doppelten Periode, das Zusammenklingen einer Eigenschwingung sind (so wie eine Glocke eine Eigenschwingung hat) mit einer anregenden Wirkung durch den um die Erde kreisenden Mond. Aber weit mehr als die Gezeitentheorie sind andere Ereignisse physisch-lebendiger Art auf der Erde im Zusammenhang mit dem Mond erkannt worden.

Ein erstes Beispiel, wo das Wort Leben noch mehr dichterisch bildhaft gemeint ist: das Leben des Wetters. Es ist heute jedermann bekannt, daß das amerikanische Wetterbüro Anfang der sechziger Jahre endlich den statistisch unwiderleglichen Beweis einer Abhängigkeit der Regenfälle vom Mond geleistet hat. Dieser Beweis war erst durch zwei Dinge möglich. Das eine ist, daß sich inzwischen ein genügend großes Beobachtungsmaterial angesammelt hatte, denn zu kurze Perioden können ein solches flüchtiges Phänomen nicht sichern. Das andere ist, daß man eine Fragestellung berichtigen mußte. Die Fragestellung war nämlich noch bis hin zur Mitte dieses Jahrhunderts fast immer die nach der *Menge* des Niederschlages gewesen. Und immer, wenn man glaubte, jetzt ist aber der Einfluß des Mondes gesichert, weil er durch Perioden ganz deutlich ist, dann gab es wieder Perioden, wo nichts stimmen wollte. Erst als man die Frage etwas abänderte, nämlich die *Zahl* der Regenfälle im Mondmonat feststellte über viele Jahre, also über vielmal dreizehn Mondmonate hinweg – wobei es notwendig wurde, da ja die Beobachtungsorte überall auf der Welt verteilt waren, sie auch noch in geeigneter Weise nach Ortszeit aufeinander abzustimmen –, ist es gelungen, ein Bild zu erhalten[2], welches folgendermaßen zu lesen ist: Es stellt (siehe Abb. S. 43) die niederschlagreichsten Tage für Nordamerika im Laufe des synodischen Monates dar. Dabei ist der Maßstab das Vielfache der mittleren Schwankung (Streuung σ). Die Abweichungen, die größer als 3σ sind, gelten als hoch bedeutsam. Solche Abweichungen haben bei rein zufälliger Verteilung eine äußerst geringe Wahrscheinlichkeit. In diesem Diagramm sind zwei solche Kurven, die auf den ersten Anblick sehr ähnlich sind. Die erste umfaßt die Periode von 1900 bis 1924 und die zweite die von 1925 bis 1949. Ein ganz ähnliches Bild, nicht von der amerikanischen, sondern von einer neuseeländischen Wetterstation, bestätigt diesen Zusammenhang. Das kann ein Gefühl dafür geben: Diese Dinge sind auch mit den Mitteln der Großrechenmaschinen erst bei Prüfung über Jahrzehnte hinweg wirklich zu sichern.

Aber es gibt noch interessantere Dinge als den von Alters her gewußten Zusammenhang des Mondes mit dem Wetter. Immer mehr biologische Verhältnisse sind bekannt. Zu meiner Studienzeit gab es die Erzählung von einem bestimmten Meertierchen der Südsee, dem Palolowurm, der nur zu Vollmondnächten, und zwar nur zu bestimmten Vollmondnächten zur Vermehrung an den Strand kommt und von den Eingeborenen gewissermaßen geerntet wird mit einem großen Fest; man hielt das für eine ausgeschmückte Sage. Inzwischen sind mondabhängige Zyklen in den verschiedensten Lebewesen äußerst genau bekannt und erforscht. Das gehört auch zur modernen Mondforschung in der zweiten Hälfte unseres Jahrhunderts. Anfang der sechziger Jahre ist ein Buch erschienen (im Berliner Akademie-Verlag) von Heckert: «Lunations-Rhythmen des menschlichen Organismus». Es finden sich unter diesen Rhythmen altbekannte, die der Astronom Arrhenius über die Geburtenhäufigkeit aufgestellt hat – um die Jahrhundertwende verlacht als Spekulation eines Mystikers. Es finden sich Doktorarbeiten von W. Bühler und M. Bühler über den Unterschied zwischen Knaben- und Mädchengeburten in Abhängigkeit vom Mondrhythmus: statistisch belegte Arbeiten, die nach und nach Anerkennung finden. Es sind Freunde der anthroposophischen Geisteswissenschaft, die aus bestimmten Erwägungen heraus Pionierleistungen vollbracht haben.

Es finden sich auch Zufallsbeobachtungen wie die folgende: Es mußte ein internationaler Farbstandard durch extrem genaue Messungen des menschlichen Farbwahrnehmungsvermögens kontrolliert werden. Dabei stellte sich heraus – weil man mit so außerordentlicher Genauigkeit maß –, daß die Versuchspersonen, jede auf eine andere Weise, aber übereinstimmend im Gang ihrer Helligkeitsempfindung in den verschiedenen Farben des Spektrums einen Rhythmus zeigten. Wenn man nun diesen graphisch über die Mondphase in ähnlicher Art aufträgt, wie ich es mit diesen Regenfallhäufigkeiten getan habe, ergibt sich eine Kurve, die man wissenschaftlich eine «mondabhängige Änderung der Helligkeitsempfindung des Menschen für verschiedene Teile des Farbspektrums» nennen muß.

Ich möchte nun auf Versuche hinweisen, die in meiner Jugendzeit geschahen. Abseits aller Öffentlichkeit hat die Forscherin Lili Kolisko in bestimmten Experimenten die Wirkung des Mondes, der Konstellation des Mondes mit der Sonne und anderen Gestirnen in irdischen Versuchen gezeigt. Diese Versuche sind schwer zu wiederholen. Selbst Freunde dieser Forschungsart waren oft zweifelnd, ob die Ergebnisse sich wiederholen ließen. Ein Teil meiner Berufsarbeit in den letzten zehn Jahren galt der statistischen Sicherung mit ähnlichen Methoden. «Den Ausschlag in Vielfachen der allgemeinen Unsicherheiten zu messen», das ist die Formel, in der man die statistischen Methoden so beschreiben kann, daß sie auch der Laie versteht. Ich kann aus eigenen Erfahrungen sagen, es haben sich inzwischen Methoden gefunden, welche die alten Ergebnisse von Lili Kolisko bestätigen. Wir haben, zunächst ausgehend von den Angaben Rudolf Steiners, Forscher, welche die richtigen Fragestellungen an die Experimente zu stellen verstanden. Parallel mit der Renaissance einer Einsicht in die Mondabhängigkeit ist eine Konsolidierung unserer eigenen Forschung einhergegangen.

Ich will auf einige solcher neueren Ergebnisse hinweisen. Da ist ein Nebeneffekt – so wie das Farbsehen, von dem ich sprach, eigentlich ein Nebeneffekt war – in Arlesheim in zwanzig Jahren gewissenhaften Experimentierens von der englischen Forscherin Agnes Fyfe beobachtet worden. Sie hat zu Zwecken der Heilmittelbereitung die Koliskosche Methode des Papiersteigbildes regelmäßig auf Mistelsaft und andere Säfte, zum Beispiel Iris germanica oder Helleborus niger, angewendet. Die Methode beruht darin, daß man den Saft in einem zylindrisch geformten Filterpapier steigen läßt. Je nach Luftfeuchtigkeit und Zähigkeit des Saftes steigt er zu einer gewissen Höhe. Man läßt das Papier trocknen und kann nach einer gewissen Zeit ein sogenanntes Reagens nachsteigen lassen, zum Beispiel Silbernitrat oder Goldchlorid oder eventuell auch eine Mischung von Metallsalzen. Man kann sagen, dieses Reagens wird nun durch die vorher unsichtbaren Feinheiten der Formverteilung so aktiviert, daß in zarten Farben verschieden gestaltete Bilder entstehen. Wir haben hier eine erste der von geisteswissenschaftlich orientierter Naturforschung entwickelten bilderzeugenden Methoden. Es gibt noch andere. Diese «Steigbilder» können Aufschlüsse über die Qualität des Rohmaterials für die Heilmittelbereitung geben. Aber im Laufe von vielen Jahren wurden bestimmte Beobachtungen gemacht.

Das erste Bild auf Seite 44 stellt ein normales Mistelsaftbild mit normaler Steighöhe dar. Die skizzierten Formen sind durch die schleimige Natur des Saftes entstandene rundliche Strömungsformen, in denen das Silbernitrat zu Silber ausfällt und, je nach der Art der Ausfällungen, die Farben in bräunlich-violetten Tönen ergibt. Aber dann kann es passieren, daß an einem Tage das Bild einfach nicht steigen will. Wenn man nachprüft, so liegt es gewiß nicht an der Zähigkeit des Saftes. Derselbe Saft wird an einem anderen Tag wieder ein normales Bild geben, und man kann kontrollieren: Es liegt weder an der Luftfeuchtigkeit noch an der Reinheit der verwendeten Methode, sondern an etwas Unbekanntem. Zwischen diesem extremen Fall eines normalen Bildes und dem, was rechts gezeichnet ist, sozusagen eines «sitzengebliebenen» Bildes, gibt es vielerlei Abwandlungen. Man kann nun einen bestimmten Zusammenhang sehen, und das war die Leistung von Agnes Fyfe. Durch Zusammenschauen von Tausenden von Bildern ergab sich ihr eine regelmäßig zu beobachtende Abänderung im Laufe gerade des Mondganges; diesmal aber nicht so sehr davon abhängig, ob der Mond Vollmond oder Neumond ist, sondern ob er seinen Vollmond- oder Neumondlauf höher oder niederer am Himmel zieht. Denn das ändert sich. Es braucht eine Periode von achtzehn Jahren, bis sich dieser Mondlauf einigermaßen wiederholt. Und erst nach einer solchen Ordnung stellt sich heraus, daß sich in erster Linie die Schiefe der Mondbahn sozusagen ablesen läßt an den Bildern, daß aber dann noch andere Dinge hineinspielen.

Fragt man sich, was die eigentliche Wurzel der Astronomie überhaupt ist, so kann man antworten: Es ist dies die antike Mondforschung. Diese antike Mondforschung, die, schon ziemlich ausgebildet, den Griechen überliefert wurde, war eine Erforschung der Rhythmen von Finsternissen. Diese Rhythmen haben etwas Eigenartiges an sich. Sie sind zunächst kompliziert, wiederholen sich aber im Laufe von etwa achtzehn Jahren. Dann wiederholen sie sich so genau, daß man Finsternisse vorhersagen kann. Die Finsternisvorhersage war das erste Ergebnis der angewandten Astronomie. Ja, es gibt moderne Forscher, die viel Scharfsinn darauf verwendet haben nachzuweisen, daß die Steinkreise in Stonehenge und an anderen Stellen praktisch der Vorhersage von Sonnen- und Mondfinsternissen gedient hätten. Das führt uns zu einer interessanten Vorstellung, die der alten Astronomie selbstverständlich war, inzwischen verloren ging und heute die Brücke bilden kann von der modernen Mondforschung hinüber zu einem neuen Geistverständnis. Die alte Auffassung des Mondes kannte ihn als eine Sphäre. Wenn wir das heute hören, so sind wir geneigt, in unserer Zeit, da wir es so herrlich weit gebracht haben, daß wir zwar um den Mond schießen können, aber die Hungersnöte und die Atomangst noch nicht beseitigen können, uns die Mondsphäre der Alten als eine Phantasie vorzustellen. Aber diese Mondsphäre braucht auch der moderne Astronom in einem gewissen Sinne. Will er seine Finsternis verstehen, so stellt er sich in Gedanken auf die Sonne, läßt von da aus wenigstens einmal den Kreis des Mondes entstehen. Dies ist ein Kreis, der sechzig Erdradien umfaßt. In solcher Entfernung kreist der Mond. Der heutige Astronom denkt sich die Mondbahn wie eine Linie und stellt sich vor, daß bei der Bewegung mit der Erde um die Sonne zweimal im Jahr diese Linie nicht wie ein Kreis von der Sonne aus aussieht, sondern wie ein Strich, in dessen Mitte die Erde ist. Dann wirft die gedachte Mondbahn einen gedachten Schatten auf die Erde. Das gibt aber noch nicht ein Getroffenwerden der Erde vom Mondschatten, denn es muß etwas anderes erfüllt sein. Es muß immer zweimal im Jahr, wenn der gedachte Schatten von der Mondbahn die Erde trifft, der Mond selber auch gerade in der richtigen Stellung sein. Der Rhythmus des Mondumlaufes muß mit dem Jahreslauf und mit der leisen räumlichen Änderung der Mondbahn zusammengehen. Diese leise räumliche Änderung der Mondbahn beschreibt schon etwas wie eine Sphäre. Das ist, was die moderne Astronomie auch als eine Mondsphäre kennt. In kosmischen Dimensionen ist tatsächlich diese Mondsphäre wichtiger als die Mondbahn. Es tritt hier etwas auf, was die Astronomie nicht weiter erklärt, sondern nur hinnehmen kann. Diese

Mondbahn ist selbst ein wenig exzentrisch und bewirkt leichte Ungleichheiten des Mondumlaufes. Diese bewirken, daß die Finsternisse in ihrer Abfolge keineswegs regelmäßig sind. Was wir aber erwarten können, sind zwei Finsternisperioden an gegenüberliegenden Stellen des Jahres, die selbst langsam, in achtzehn Jahren, umlaufen. Es handelt sich um den sogenannten Mondknoten.

Die Vielfachen dieser Mondknotenumläufe mit den Ungleichheiten der Mondbahn gehen nun nach achtzehn Jahren, elf Tagen und fast genau acht Stunden auf. Sie gehen so genau auf, daß die Finsternis, die in achtzehn Jahren, elf Tagen und acht Stunden passiert, um eine drittel Erddrehung weitergerückt ist. Es gibt Bilder, zum Beispiel in dem Buch von Joachim Schultz[4], aber auch in dem Astronomiebuch von Strömgren, wie der Mondschatten in den Finsternissen gewissermaßen Hieroglyphen auf die Erde zeichnet. Jede Finsternis ist Glied in einer Kette von Finsternissen. In einer Kette, die gesetzmäßig, zum Beispiel am Südpol beginnt, ist im Anfang ein kleines Ausschnittchen dieses Schattens der Mondbahn, ein Strichlein, das ein längerer Strich wird, etwas verzerrt durch die Eigendrehung der Erde, wobei dann das Aufsteigen nach dem Erdäquator hin und Wiederabsinken und Aufsteigen, um schließlich am Nordpol zu verschwinden, ganz regelmäßig, aber von Finsternisfamilie zu Finsternisfamilie verschieden ist. Die Periode von achtzehn Jahren, elf Tagen und ein drittel Tag heißt die Saros-Periode; sie ist bekannt aus der antiken Astronomie. Die Hieroglyphen, von denen ich spreche, sind erst der modernen Astronomie beobachtbar und berechenbar geworden. Sie zeigen etwa folgendes Bild: Die punktierten Linien sind nicht die Finsternisstreifen selbst, sondern die Führung ihres Mittelpunktes, wenn sie nach unten verschwinden (rechtes Bild). Diese drei Linien sind Führungslinien für Finsternisse.

Jeder solcher Strich ist die schwarze Spur, die der Mondschatten sozusagen auf die Erde zeichnet. Was hier gezeigt wird, ist das Verschwinden einer bestimmten dreigliedrigen Finsternisfamilie nach unten auf die Südseite der Erde. Es gibt andere, die nach Norden ebenso verschwinden. Auch das ist neuzeitliche Mondforschung. Wieder begegnen wir einem Zusammenstimmen der Rhythmen, wie sie in der Neuzeit Johannes Kepler als Weltgeheimnis und Weltharmonie beobachtet hat. Hier finden wir die Brücke zu einem geistigeren Mondverständnis. Wir müssen sagen, diese Sphäre, von der die Alten durch imaginatives Hellsehen sprachen, in der sie göttliche Wesen sahen, atmet, sie bewegt sich, sie läßt sich bis zu einem gewissen Grad mathematisch konstruieren. Sie schreibt etwas der Erde ein, von dem wir erst gleichsam die Grammatik der Sprache verstehen, aber noch nicht ihren Sinn. Wie jemand, der unsere Sprache nicht versteht, aber die regelmäßige Bildung von Worten schon erkennt, so stehen wir vor solchen Rhythmen – Erscheinungen, die einen Kepler zur Begeisterung bewegten: «So also hat Gott die Welt geschaffen.»

Hier ist die Brücke. Sie ist seit vielen Jahrzehnten bekannt, und ihre Methoden sind dargelegt. Ich will hier nur einen Punkt als Gedankenstütze entwickeln, der uns ermöglicht, etwas damit zu verbinden, wenn ich ein Ergebnis der Geistesforschung jetzt in diesen Zusammenhang stelle. Der Punkt, der dieses Vermittelnde ist, ist eine absolut neue Wirklichkeitsauffassung, welche zu schaffen Steiner als Philosoph sich selbst im letzten Jahrhundert auferlegt hat, bevor er als Lehrer einer Geisteswissenschaft auftritt. Der junge Rudolf Steiner hat in den Jahren 1888 bis 1894 Erkenntnistheorie betrieben. Er hat die alte Frage positiv beantwortet, ob es dem Menschengeist überhaupt möglich ist, die Wirklichkeit der Welt zu erfahren, oder ob er nur innere unverbindliche Bilder entwirft, die ihm zwar ein sinnvolles Handeln erlauben, die aber mit der an sich seienden Wirklichkeit gar keine Ähnlichkeit haben. Seine Antwort war, daß es dem menschlichen Geist durch Beobachtung seines eigenen Instrumentes, des Denkens, möglich ist, sicheren Grund unter den Füßen zu bekommen. Das aber heißt, daß Wirklichkeit im Sinne einer solchen Erkenntnisweise nicht die Wirklichkeit ist, die wir im täglichen Umgang mit unseren Alltagsgegenständen denken dürfen. Es wäre töricht, wenn ich nicht jetzt konkret denken würde, daß mein Mantel, der im Raum nebenan hängt, noch genau dort ist (und wenn nicht, dann hat ihn jemand weggenommen), daß also ein Objekt an und für sich da ist, ob ich es anschaue oder nicht. Man nennt das die Wirklichkeit des naiven Realisten. Wir wären alle schlecht beraten, wenn wir in Material- oder Geldangelegenheiten nicht naive Realisten wären. Aber eine Wirklichkeit, die sich nur dem Auge zeigt, könnte ein Spiegelbild sein. Innerhalb des Spiegelbildes kann alles übereinstimmen. In einem Spiegelbild können wir fotografieren, können Entfernungsmessungen in das Spiegelbild hinein machen. Wir können an einem Fotoapparat die Scharfeinstellung machen und mit dem Fotometer messen. Dann wird die Aufnahme scharf sein und richtig belichtet, denn es zeigt sich eine optische, aber eben *nur* optische Realität im Spiegel, und wenn wir dahinterfassen, dann ist dort keine materielle Wirklichkeit. Die materielle Wirklichkeit *entsteht* im Erkenntnisakt für den Menschen, und erst aus der Übereinstimmung gewisser zwischenmenschlicher Auskünfte und alltäglicher Erfahrungen darf diese so gefaßte Realität im Sinne des naiven Realismus auf die jetzt nicht gesehenen, nicht gedachten, sondern nur erinnerten Gegenstände ausgedehnt werden.

Die moderne Physik mußte lernen, im subatomaren Bereich auf die Wirklichkeit des naiven Realismus zu verzichten. Die moderne Astronautik ist auf dem Wege, das Umgekehrte zu tun. Sie ist im Begriff, aus einer ehemals nur visuellen Wirklichkeit, bei der nur gegenseitige Bestätigung von Gesichtswahrnehmung da war, vorzustoßen zu einer gegenseitigen Bestätigung der handgreiflichen Sinneseindrücke – erst Radarbeobachtungen, dann Mondsonden, dann Mondumrundungen und schließlich Landungen auf dem Mond. Wir dehnen den Raum der Gegenstandswahrnehmung in den nahen Kosmos aus. Das wäre – bildhaft gesprochen – undenkbar, wenn die Menschheit nicht durch zweieinhalb Jahrhunderte mit größter Intensität in den nur gesehenen Raum physische Gesetze *«hinausgedacht»* hätte. Dieses Ausdehnen der Erdenwirklichkeit wird im Planetensystem in einem gewissen Maß weitergehen. Es werden allerdings Überraschungen auftreten, so wie bei den ersten Raketenversuchen die Überraschung war, daß der Weltraum vierzigmal weniger leer gefunden wurde, als man vorher in der Theorie gedacht hat. Man ist einem gewissen Gürtel, dem sogenannten van Allen-Gürtel, von Teilchenströmen um die Erde begegnet.

Zu einer Zeit, als man nichts von solchen Teilchenströmen im Weltraum wußte, wo man anfing, nach Maßgabe bestimmter irdischer Experimente zu vermuten, es könnte Teilchenstrahlungen im Weltraum geben, da sprach Rudolf Steiner von einem Bild von Sonne, Erde und Mond, von Kräfteströmungen, die gewissermaßen eine Art kosmischer Blutkreislauf sind, dessen Abbild (verdreht zu einer Acht) im menschlichen Blutkreislauf zu finden ist. Dieser Vortrag[5] eilte allen beobachtbaren Tatsachen weit voraus. Die moderne Astronautik stellt fest: Solche Teilchenströme gibt es. Sie vermutet, sie seien rein materieller und elektrischer Natur. Sie vermutet damit etwas so Wahres, wie wenn wir vermuten, daß eine Schrift wirklich nur aus Druckerschwärze, aus der Kohle auf dem Papier besteht. Das ist zweifellos wahr. Aber *was* diese Schrift *sagt*, was die Wesenhaftigkeit in den Teilchenströmen dahinträgt, ist Gegenstand einer anderen Wissenschaft, ist Gegenstand einer geistigen Erforschung. Diese aber braucht einen anderen Raum.

Die Zwischenbetrachtung, die ich jetzt eingeschaltet habe, diente dazu, daß wir nicht meinen, es sei wüste Phantastik einer Geistesforschung, wenn sie von anderen Wirklichkeiten und anderen Räumen spricht. Sie hat es ungefähr schon im Anfang dieses Jahrhunderts getan, sagen wir 1904/05, als es durch Einsteins Forschung in der Physik notwendig und in den nächsten Jahrzehnten eine Selbstverständlichkeit wurde, daß der moderne Physiker mehrere einander durchdringende Räume als Arbeitsmittel gebraucht und nichts dabei findet, von einem Raum in einen anderen Raum überzugehen. Genau das macht die Geistesforschung, wenn sie die alte Mondsphäre als ein unzulängliches Bild ansieht für etwas, das heute auf andere Weise genauer erforscht werden kann. Wir können jetzt sagen, der Zusammenhang des Mondes mit irdischen Erscheinungen ist oft gar nicht in einem Kausalitätsverhältnis zu suchen, in welchem der Mond direkt *wirkt.* Ich habe am Anfang auf das Abgestimmtsein der sogenannten fluterregenden Kraft mit der Eigenschwingung der Erdmeere hingewiesen. Es liegt ein *Sinn* in den Maßverhältnissen, was der moderne Kybernetiker sehr gut versteht, ein Sinn, der sich in den physischen Verhältnissen ausdrückt, aber seiner Natur nach wohl zu unterscheiden ist von dem Träger, auf dem der Sinn übermittelt wird.

Um noch tiefer in ein Geistverständnis zu gehen, möchte ich mich des Bildes bedienen, daß der Kosmos durch die Bewegung der Planeten, durch die Bewegung des Mondes, seine Schriftzeichen, durch Erdnähe, Erdferne, den hohen Bogen, den niederen Bogen, aus der Mondsphäre zur Erde *spricht.* Diese Sprache ist «verständlich» vor allem für die geistig-lebendigen Teile des Lebens auf der Erde und nur indirekt sich äußernd. (Deswegen die große Schwierigkeit, direkte Experimente verfolgen zu können.)

Damit möchte ich an der Stelle, wo ich die Schilderung der Versuche von Kolisko und spätere Forschungen verlassen habe, wieder weiterschreiten. Es gibt heute lebenspraktische Konsequenzen der neuesten Mondforschung aus anthroposophisch orientierter Naturforschung. Maria Thun in Marburg arbeitet seit Jahren allein und in letzter Zeit auch zusammen mit einem Professor der Universität Marburg daran, Mondrhythmen bei den Aussaatterminen kennenzulernen. Sie kann heute Physiognomien angeben, je nachdem – jetzt nicht nur in welcher Phase der Mond (das hat auch eine Wirkung), in welcher Lichtgestalt er ist, sondern jetzt mehr, aus welchem Teil des Himmels der Mond scheint. Je drei Tierkreisbilder zusammen haben ähnliche Züge, wie sich an der Art der Pflanzen ablesen läßt. Ich erinnere mich – ich bin in dem Feld nicht Fachmann –, daß ich Radieschen abgebildet, aber auch wirklich gesehen und gegessen habe, bei denen man sieht, die einen sind groß, mit einem Loch drin und fad im Geschmack, die anderen sind klein, schlank, hart und kernig. Dies ist mit einer gewissen Regelmäßigkeit nicht nur abhängig vom Aussaattermin, sondern auch davon, ob sie aus einem Saatgut stammen, welches gewonnen wurde aus dann und dann ausgesäten Pflanzen. Die praktische Nutzanwendung liegt auf der Hand, wenngleich ich nicht vorschnelle Hoffnungen wecken möchte, denn die Erfahrungen von über zwanzig Jahren, um statistisch die Dinge zu sichern, wollen wir nicht außer acht lassen. Aber es sind außerordentlich interessante und ermutigende Ergebnisse moderner Mondforschung, die nur gefunden werden konnten, wenn ein Mensch sich schult, auf die Sprache des Mondes und des Kosmos durch den Mond zu lauschen.

Das führt uns dazu, daß der Mond nicht nur ein physisches Fenster ist, das bestimmte kosmische Strahlen so abändert, daß sie meteorologisch und vielleicht auch auf diesem Wege auf die Pflanzen und Tiere wirken. Das wäre so, wie wenn Schallschwingungen, die von einem Redner ausgehen (durch den Verstärker verstärkt) auf die Zuhörer «wirken», denn sie können verstehen, was er sagt. Aber das ist die einzige «Wirkung». In ähnlichem Sinne können wir verstehen, daß uns die moderne Mondforschung eine Sinnübermittlung lehrt. Der Mond ist aber nicht nur ein solches Fenster für eine Strahlung. Er ist im Bild der Geistesforschung Rudolf Steiners zugleich die letzte Station, die – unabhängig davon, ob sie jetzt mehr zu einer Erdenwirklichkeit wird, als sie es früher war, oder nicht – die menschliche Seele auf dem Weg zur Erde passiert, zur Einkörperung auf der Erde schreitend, und nach dem Tode läßt sie in dieser Mondsphäre als der ersten Station des Ablegens der irdischen Hüllen gerade das Schicksalsnetz der Erdentatsachen zurück, um ihm bei Einkörperung für die nächste Geburt in einem gewissen Sinn nach dem Durchgehen durch andere Erlebnisse wiederzubegegnen. Dieses Bild aus der Geistesforschung Rudolf Steiners stimmt zusammen mit älteren Bildern, die aber dekadent geworden sind, die nur noch den äußeren Zusammenhang kennen, die die «Wirkung» des Mondes auf die Nativität, auf das zeigen, was der Astrologe für schicksalsbestimmend hält. So ist es nicht. Rudolf Steiner gab im Jahre 1917[6] in Aufsätzen, die er für die Öffentlichkeit in der Zeitschrift «Das Reich» geschrieben hat, ein höchst einleuchtendes Bild: Die Stellungen der Planeten am Himmel sind nicht «wirkend». Sie sind im gleichen Sinne *«Zeichen»*, wie für den Menschen die Stellung des Uhrzeigers nicht Ursache seiner Handlung, sondern Zeichen ist, daß es an der Zeit ist, das Notwendige oder eine freie Tat zu tun. In diesem Sinne eines Zeichens handelt es sich darum, die Zeichen der Sprache des Himmels zu verstehen und die Mondsphäre gedanklich zu durchdringen.

Es ist wahr, daß das, was wir im Kopf denken, der Möglichkeit nach die Wirklichkeit ergreift. Es ist aber auch wahr, daß, wenn ich es wortlos denke, es die denkbar geringste Wirkung auf die Welt hat, denn sonst könnte der

Mensch nicht frei sein. Sobald es aber in einem geistergreifenden Wort formuliert wird, ist es eine *Tat*, die sich ebenso in die Welt als Schicksalsfolge einschreibt, wie eine andere Tat. Zu diesen Taten gehört, daß, wenn man vom Mond spricht, man den neuen Begriff, den ich stillschweigend vorausgesetzt habe, bewußt auf etwas lenkt, was in unserer Sprache noch nicht da war, nämlich das Gegenstück zur Unsterblichkeit. Von Unsterblichkeit sprechen die Religionen, von *Ungeborenheit* auf dem Wege zur Erde sprechen die abendländischen Bekenntnisse nicht. Die Ungeborenheit im Zusammenhang mit dem Mond – durch das eigentlich neue Wort *Ungeborenheit* – denken zu lernen, ist eine Aufgabe, die in die Zukunft wirken kann. Sie kann in ihrem Feld so stark – nicht die physische Erdumgebung, sondern die geistige Erdumgebung – durchstrukturieren, wie eben unser mechanisches Denken seit Galileo und Newton die physische Erdumgebung so durchstrukturiert hat, daß die großartigen Triumphe der Astronautik möglich geworden sind. Ob draußen auch anderes erlebt werden kann, hängt nicht nur von jenen ab, die Instrumente hinaussenden oder gar mitreisen; es hängt in viel höherem Maße von den Menschen ab, ob sie aus dem Bild einer lebenden Mondsphäre, die ein Fenster ist nicht für Physisches und halbphysische, nennen wir sie ätherische, Wirkungen, sondern auch ein Fenster für Geburt und Tod. Diese Gedanken können erarbeitet werden. Sie sind zeitgemäße Antwort der Geisteswissenschaft zum Problem des Geistverständnisses des Mondes sowohl in experimenteller Hinsicht für neue revolutionäre Tatsachen, die praktische Auswirkungen haben können, wie auch für die geistige Natur der Erdumgebung.

---

1 Vortrag des Autors vom 21. Februar 1969 in Stuttgart.
2 Zitiert nach einem Aufsatz von Thomas Schmidt in «Elemente der Naturwissenschaft»
3 Aus Agnes Fyfe, Die Signaur des Mondes im Pflanzenreich, Stuttgart 1967, S. 18.
4 Joachim Schultz, Rhythmen der Sterne, 3. Auflage, Dornach 1985.
5 Rudolf Steiner, Wege zu einem neuen Baustil, GA 286, Vortrag vom 5. Juli 1914.
6 Ders., Die chymische Hochzeit des Christian Rosenkreutz, GA 35, S. 346.

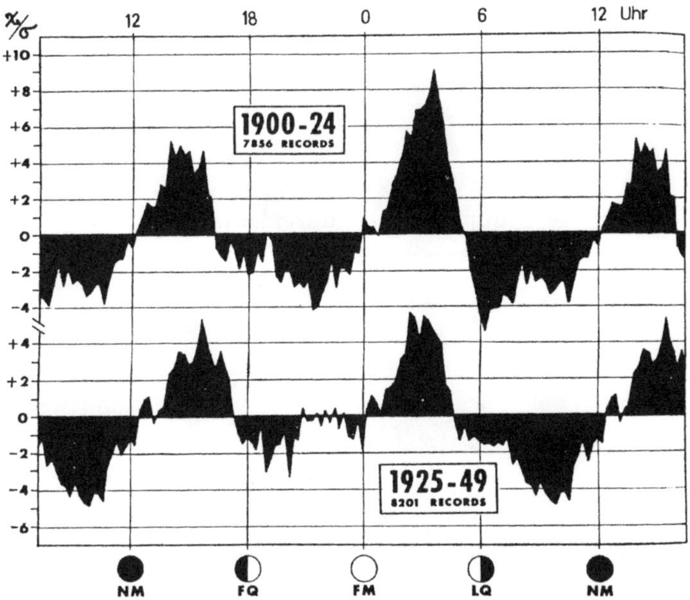

Die Anzahl der niederschlagsreichsten Tage des Monats in Abhängigkeit von der Mondphase für Nordamerika. Dargestellt sind die Abweichungen % vom Mittelwert in Einheiten der Streuung $\chi\sigma$. Glättung der Kurve durch Bildung gleitender Summen über 10 synodische Intervalle. Die obere Abszisse zeigt die Ortszeit für die obere Kulminationdes Mondes.

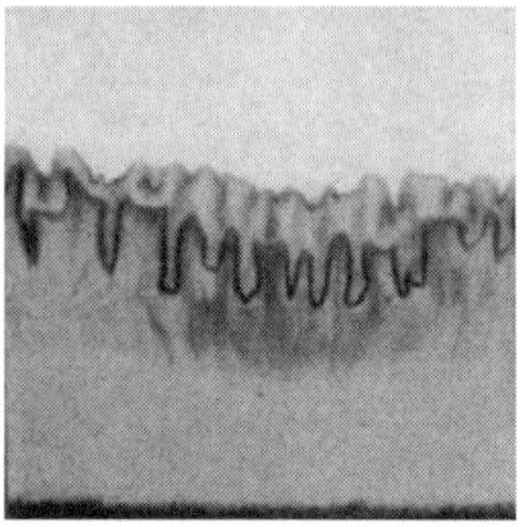

Perigäum

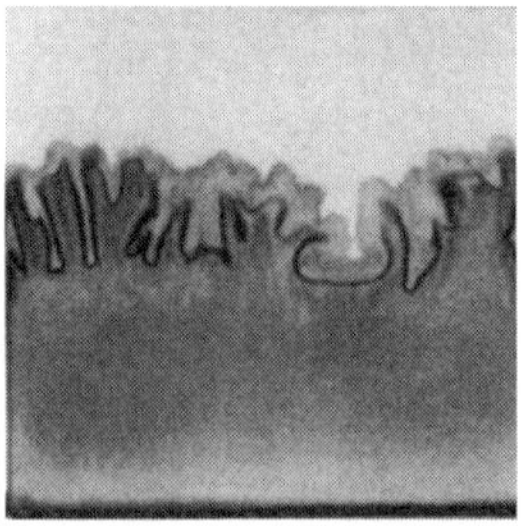

Vollmond

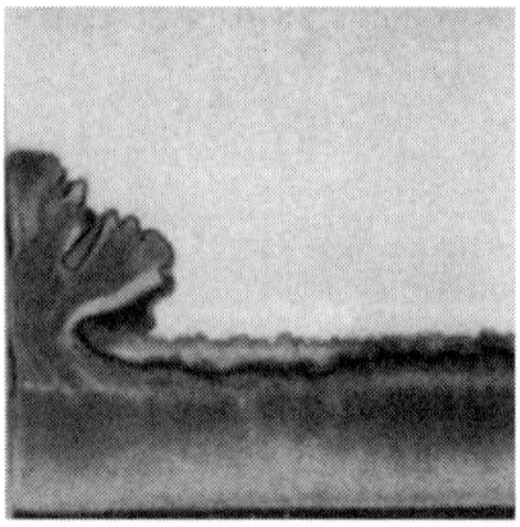

Apogäum

Mistelsaft mit Goldchlorid-Lösung

3. Vorstufen des Rosenkreuzertums

unter besonderer Berücksichtigung der Mysteriendramen Rudolf Steiners

Rosenkreuzerisch ist das Streben der Menschengruppe um den Geisteslehrer Benedictus in Rudolf Steiners Mysteriendramen[1]. Das erste Drama, «Die Pforte der Einweihung», handelt von seinem Schüler Johannes Thomasius. Der «Tempel» erscheint quasi als Idealbild erst als unterirdischer Tempel in den noch vorläufigen Imaginationen von Johannes, dann als «Sonnentempel», die verborgene Mysterienstätte der Hierophanten. Im zweiten Drama, «Die Prüfung der Seele», sehen wir Professor Capesius am Beginn eines Einweihungsweges, und im dritten Drama, «Der Hüter der Schwelle», stellt sich heraus, daß es auch ein physisches Abbild des Tempels gibt, dessen Urbild in den ersten beiden Dramen auf die Bühne kam. Hier finden Johannes und Capesius nach mancherlei Schicksalen und Erschütterungen geistige Tempelaufgaben.

Die Szenen der Rückschau in das Mittelalter des zweiten Dramas führen uns zu unserem Thema. Die hier vorkommenden Personen erweisen sich als frühere Verkörperungen der in den Dramen überhaupt auftretenden Gestalten; sie sind in verschiedener Weise mit dem Ritterbund, einer «mystischen Bruderschaft», verbunden.

Es erhebt sich die Frage: Welche Beziehung besteht zwischen dem Ritterbund und den Rosenkreuzern? Die Ritter werden so geschildert, daß man sie sich als «Templer» vorstellen kann. Es ist die Rede vom Tod ihres Hauptes und dem bevorstehenden Untergang des Ordens. Das entspricht den historischen Vorgängen: Jacob von Molay wird im Jahre 1307 gefangengesetzt und sieben Jahre später verbrannt. Man weiß, daß die Templer viele Niederlassungen in der ganzen damaligen christlichen Welt hatten. So darf man bei der mystischen Bruderschaft an eine spezielle Burg denken, wobei wir beachten, daß es sich im Sinn der imaginativen Erkenntnis um «idealisierte Darstellungen» der Lebensverhältnisse handelt, die wir natürlich nicht als Quellen historischer Erkenntnis ansehen wollen.

Die Geschichtsschreibung schildert den Templerorden in seiner Entwicklung aus einem Ritterorden zum Schutz der Pilger nach dem Heiligen Grabe und Verteidigung und Rückeroberung der heiligen Stätten. Dabei sammelt der Orden nach und nach ein ungeheures Vermögen, entwikkelt das erste Bankwesen, insbesondere was wir heute den bargeldlosen Transfer von Werten nennen würden. Er wird zum internationalen Machtfaktor, ist nur dem Papst unterstellt und genießt größte Autorität, so daß er – schon 1302, zur Zeit Philipps des Schönen – eine Revolte unterdrücken und dem König Schutz im «Tempel» zu Paris, einem festen Turm, gewähren kann. Von den eigenen, geistigen Zielen ist in der Geschichte fast nicht die Rede. Das wenige, das man weiß, stammt aus den trüben Quellen der späteren Verfolgung. Zum Teil handelt es sich ja um die Vorwürfe aus dem Templerprozeß, die auf Sittenlosigkeit, böse Laster und Verhöhnung des Kreuzes lauteten. Für den modernen Historiker ergibt sich im wesentlichen die Unhaltbarkeit aller der schändlichen Anschuldigungen. In ihrem Buche[2] darüber zeigt Maria I. Krück von Poturzyn, wie zum ersten Mal in der Geschichte eine systematische Meinungsbeeinflussung durch Gerüchte vor dem Prozeß und wie – ebenfalls zum ersten Mal – nach stattgehabter Folterung Schauprozesse durchgeführt werden. Sie zitiert auch das Wort des Kirchenhistorikers Döllinger über den «Unglückstag» des 13. Oktober 1307 als einen «dies nefastus».

Tiefe Menschheitsgeheimnisse hängen mit dem Bau des Salomonischen Tempels durch den Kainssohn Hiram zusammen. Für unser Thema wenden wir uns der esoterischen Auffassung des hohen Geistwesens Luzifer zu. Rudolf Steiner nennt die erste in der Theosophischen Gesellschaft herausgegebene Zeitschrift mit vollem Bedacht «Lucifer» und schreibt einen einleitenden Aufsatz[3], der vor allem die Befruchtung der Kultur und die Bedeutung für die Geistesforschung der Neuzeit hervorhebt. In der spirituellen Erkenntnis erscheint Luzifer als der in der Bibel nicht vollständig geschilderte Inspirator für die Selbständigkeit des Menschenwesens. Damit besteht auch die Gefahr der Verführung. Aus dem Umgang der Göttersöhne mit den Menschentöchtern erwächst das Kainsgeschlecht, während Abel, dann Seth die Menschensöhne sind. So bildet sich der Gegensatz der Vertreter der alten Gottesweisheit, der Priesterschaft, später der Kirche auf der einen Seite und der Luzifersöhne des Kainsgeschlechtes andererseits, aus welchem Hiram, der Baumeister Salomos, abstammt.

Die Symbolik der Tempellegende deutet auf die Entwicklung der Wesensglieder im spirituellen Sinn der Weltentwicklung hin.

Erst aus dem Aufleben des Tempelgeheimnisses bei den Templern versteht man, was den absurden und schändlichen Vorwürfen, die später im Prozeß erhoben wurden, zugrunde lag. Die vorläufige, natürlich nur symbolische Verleugnung des Kreuzes als Zeichen für einen geistigen Prozeß, den der Aufzunehmende gleich Petrus bei der Verleugnung durchzumachen hatte, ist etwas, das die gefolterten Angeklagten ihren Richtern, der Inquisition, nicht klarmachen konnten.

Die Überlieferung weiß nichts von einem Zusammenhang der Templer mit dem Rosenkreuzertum. Hier kann die Betrachtung der Art, wie die Geistesritter im zweiten Drama in ihrer Wirkungsweise in idealisierten Verhältnissen dargestellt werden, aufschlußreich sein. Wir bedenken dabei, daß das wahre Rosenkreuzertum, von dem die Anthroposophie redet, nicht nur im Verborgenen wirkte, sondern auch nur indirekt durch unscheinbare Taten, aber zugleich durch das geistige Gewicht seiner Vertreter dasjenige in die Welt trug, was beizutragen hatte zur Vorbereitung eines zukünftigen Öffentlichwerdens der früheren Mysteriengeheimnisse, ja der Einweihung selber. Einen unaufdringlichen und doch sprechenden Hinweis erhält man dadurch, daß im Umkreis der Ritterburg Märchenerzählungen auftauchen, wie sie als charakteristisch für eine der Wirkungsweisen der Rosenkreuzer beschrieben werden.[4] Aber auch die Aufnahme, die der Jude Simon findet, kann als Zukunftssame verstanden werden. Durch die Lebensverhältnisse von damals auf die Einsamkeit verwiesen, entwickelt er neue, zukünftige Naturerkenntnis. Sprechend ist auch die Ahnung, die im vierten Drama, «Der Seelen Erwachen», der Vertreter des Willenselementes, Romanus, entwickelt, daß in Strader, dem wiedergeborenen Juden Simon, sich «ein Geist auslebt, der in früheren Erdenleben ... vieles wußte, was die anderen Menschen seiner Zeit nicht kannten», so daß in damaligen Gedanken der Ausgangspunkt für heutige Tüchtigkeit zu finden wäre. Das ist im Drama zugleich eine karmische Verbindung, da Romanus auch dem Ritterbunde angehörte. Und es ist ein Beispiel für sich heute entwickelnde *intuitive* Fähigkeiten im modernen Rosenkreuzertum, welches voll im Leben stehen will, wie das in der Gestalt des Romanus repräsentiert ist.

Das Geheimnis, an das wir mit unserer Untersuchung rühren, besteht darin, daß die «Mysteriendramen» nicht abstrakte Geistimpulse lehren, daß sie auch nicht irgendwelche Lehren bloß bildlich darstellen, sondern daß die konkrete Schicksalsverbindung der modernen Rosenkreuzer mit der mystischen Bruderschaft des damaligen Ritterordens gestaltet wird.

Die Ritter strebten – und Romanus im besonderen – in der Tugend des Gehorsams. Sie zogen Kraft aus dem schmerzlichen Untergang. Sie verbanden die späteren Haupttugend der Rosenkreuzer, intime Frömmigkeit, mit äußerer Tätigkeit. Aber sie wirkten nicht im Verborgenen, sondern durch das, was sie taten.

Gerhard von dem Borne charakterisiert in einem Aufsatz[5] die «fünf Wunden des dreizehnten Jahrhunderts» (in Analogie zu den fünf Wunden, die Franz von Assisi 1224 bei seiner Vision empfing) nach dem Bannfluch von Papst Innozenz IV. gegen Friedrich II. (1245): Schmerz über den Mongoleneinfall, die Trennung der griechischen Kirche von Rom, die Zunahme der Ketzer, Besetzung des Heiligen Landes durch die Türken und über Kaiser Friedrich, «Feind und Widersacher aller Diener Christi». So ist – sagt von dem Borne – über Europa das Kreuz aufgerichtet.

Die Templer pflegten nicht die Verehrung des Kreuzes, sondern die Vorbereitung eines zukünftigen Christentums. Nach ihrer Vernichtung – die auch letztlich die der mystischen Brüderschaft im Mysteriendrama einschließt – mußte unter dem Signum des Pentagrammes die Vorbereitung des fünften Gliedes der Menschennatur, des Geistselbstes, ganz im geheimen gepflegt werden. Aber verschiedene andere Ingredienzen sind in das allgemeine Kulturleben eingeflossen. Wir erwähnten die Märchen und die Studien des Juden Simon. Der «Roman der Rose» (etwa 1225 bis 1230 von Guillaume de Louis und 1269 bis 1278 von Jean de Meun) ist ein weiteres Beispiel aus dem 13. Jahrhundert. Man kann bei von dem Borne nachlesen, wie zwei Erkenntniswege in ihnen dargestellt sind (der eines jugendlichen Menschen durch «l'univers intérieur» beim ersten, beim andern durch «l'univers extérieur»). Das sind zwei Wege, die in der Geisteswissenschaft wohlbekannt sind: der innere, der mystische Weg und der äußere, den Rudolf Steiner auch den chymischen nennt.

Wir werden auf das moderne, «zeitgemäße» Rosenkreuzertum gewiesen, das nichts mit der veräußerlichten Tradition der sogenannten «Rosenkreuzer» zu tun hat, die nur die scharlatanhafte Außenseite der verborgenen Strömung darstellen. Dieses wahre Rosenkreuzertum wird unverhüllt in dem Rosenkreuzermysterium «Die Pforte der Einweihung» und dessen «Nachspiel», dem «szenischen Lebensbild» «Die Prüfung der Seele», dargestellt. In allen Bildern dieser beiden Dramen erkennen wir die individuell verschiedenen, die persönlich ausgestalteten Wege, unter denen der Weg eines Balde in halbbewußter Naturweisheit und der von Strader, dem modernen naturwissenschaftlichen Forscher, nicht fehlen darf!

Eine weitere Verwandlung kann nur angedeutet werden: Der Sage nach wurden die Gebeine des verbrannten Großmeisters de Molay von gewissen Männern im geheimen gesammelt, die einen anderen, verborgenen Tempel, *den der Freimaurer,* daran anknüpften. Im dritten Drama, «Der Hüter der Schwelle», tritt uns ein «Mystenbund» vor Augen, dessen Tempel für symbolisch-zeremonielle Verrichtungen nur auf der Erde zu finden ist. In ihm sind zum Teil die Meister und Präzeptoren des Ritterordens in ihren späteren, heutigen Verkörperungen tätig und übergeben ihre Ämter an Johannes, an Capesius und Strader. Natürlich ist dieser Tempel nicht identisch mit dem im ersten und zweiten Drama vorkommenden Sonnentempel.

Der esoterische Inhalt des Freimaurertums, die «Tempellegende», wird früh in esoterischen Vorträgen aus gleicher Zeit wie die «Über den verlorenen und wiedergefundenen Tempel» durch Rudolf Steiner berichtet.[6] Diese

Legende knüpft an den Baumeister des Salomonischen Tempels, Hiram, der ein «Kainssohn» ist, an.

Neben dem offiziellen Christentum gab es die ketzerischen Sekten, gab es die Templer und später im geheimen die Rosenkreuzer. Sie wurden ausgerottet (in den Katharerverfolgungen), vernichtet (die Templer) und als Scharlatane ignoriert (die sogenannten «Rosenkreuzer»). Sie stellten in verschiedenen Ausprägungen ein dem Priestertum entgegengesetztes Prinzip dar, das aber auch in den Grundlagen des recht verstandenen Christentums wurzelt.

Es gibt einen noch tieferen Hintergrund der Polarität vom Priestertum der Abelsöhne und dem geheimen Wirken. Es ist der Unterschied zwischen dem Weg durch den Makrokosmos, der sich an dem großen, unter dem Namen Zarathustra verehrten Geist und dem inneren Weg des großen Buddha zeigt.

Neben dem Hauptstrom des Christentums gibt es etwa sechshundertjährige Nebenströme. Nach der *Mond*strömung des Mohammedanismus, der den Intellektualismus ins Abendland bringt, kommt eine andere, die des *Merkur* herauf. Ihre Gefahr ist, daß der erneuerte Buddhismus, der in das Christentum die Einsicht in die Wiederverkörperung wieder einfügt, zu schwerwiegenden Mißverständnissen Anlaß geben kann. In den Jahren, als die Mysteriendramen begannen, kam aus der östlichen Theosophischen Gesellschaft ein Mißverständnis der Wiederkunft Christi heran, die ja nur im übersinnlichen Sinn, wie in der Rede der Theodora im ersten Bild der «Pforte der Einweihung», verstanden werden darf.

Heute erleben wir nicht nur eine große Popularität, sondern geradezu eine Missionstätigkeit für den *alten* Buddhismus. Was das Markusevangelium (im 13. Kapitel) als Warnung ausspricht, wenn auf falsche Messiasse, auf falsche Christusse hingedeutet wird, das hat eine große Aktualität in unseren Tagen. Wir müssen im Geist der vor zweitausend Jahren gesprochenen Ermahnungen die Standfestigkeit erringen, daß wir falschen Propheten in innerer Sicherheit gegenüberstehen und ihnen nicht glauben.

Seinerzeit haben die Rosenkreuzer durch ihr Sein gewirkt. Heute müssen sie durch Erkenntnissicherheit wirken. Das ist der tiefe Sinn der weit in die Zukunft weisenden Inhalte der «Mysteriendramen» Rudolf Steiners. Das tragische Schicksal der Templer und anderer untergegangener «ketzerischer» Strömungen ist die eine Seite. Die in ihnen errungenen Fähigkeiten können heute, umgewandelt in Kräfte, den Mut geben, dem Kulturverfall entgegenzuwirken und auf die Hilfe konkreter Individualitäten, sei es aus der geistigen Welt, sei es in kommenden Mitarbeitern, zu bauen.

---

1 Rudolf Steiner, Vier Mysteriendramen, GA 14.

2 Maria I. Krück von Poturzyn, Die Prozesse gegen die Templer, Stuttgart 1982.

3 Rudolf Steiner, Die Tempellegende und die Goldene Legende als symbolischer Ausdruck vergangener und zukünftiger Entwickelungsgeheimnisse des Menschen, GA 93.

4 Man vergleiche den Aufsatz von Almut Bockemühl, «Märchen im Leben Rudolf Steiners», in «Das Goetheanum», Nr. 45 vom 7. November 1993. Die Autorin geht unter anderem in ähnlicher Weise, wie hier dargestellt, auf das frühe Rosenkreuzertum ein.

5 Gerhard von dem Borne, Das dreizehnte Jahrhundert in der Kulturentwicklung, in «Die Drei» Nr. XX, 1976.

6 Rudolf Steiner, Die Tempellegende und die Goldene Legende als symbolischer Ausdruck vergangener und zukünftiger Entwickelungsgeheimnisse des Menschen, GA 93, Vorträge vom 4. November 1904 und 22. Mai 1905.

4. Moderne Rosenkreuzerimpulse im Werk Rudolf Steiners

Das «Osterereignis als Kraft in Schicksal, Forschung und Geschichte»[1] regt an, sich darauf zu besinnen, daß dieses Osterereignis für jede Zeit neu erschlossen werden muß. Eine erste Epoche des Christentums durfte sich an die irdisch-physische Erinnerung, an die Zeugnisse der Zeitgenossen halten; eine spätere konnte sich nur noch im Glauben an überlieferte Lehren, die Lehrsätze oder Dogmen, halten. Dann trat in der Renaissance eine Art Freiheitsrausch, ein Wiederaufnehmen der klassischen Kultur – und zugleich die Geburt der neuzeitlichen Naturwissenschaft ein. Schwerste Krisen des Christentums bereiteten sich vor, die in der Reformation, aber auch im späteren Rationalismus den Grund für die heutige Ohnmacht des Christentums legten.

Mit dem Untergang des alten Mysterienwesens war auch das Bewußtsein vom kosmischen Ursprung des Christus-Wesens geschwunden. Zwar wurde von der Antike ein Teil der aristotelischen Schriften übernommen, aber die Geisteskämpfe der Scholastik um die Rolle des Denkens in der Verarbeitung der Glaubensinhalte wurden vergessen. Das Erbe des Arabismus zog in die neue Wissenschaft ein. Das kopernikanische Weltsystem verbreitete sich und wurde zur großartigen Berechenbarkeit der Welt geführt. Die

Erde erscheint heute als Keim im physischen Weltall. Bescheidenheit oder Überhebung sind die Konsequenzen. Bescheidenheit in der Einsicht in die ganz periphere Rolle der Erde im Weltall, Überhebung in kühnen Spekulationen, daß der Mensch bald durch Raumstationen sich das Weltall untertan mache. (Von Interesse ist eine russische Publikation über die Sonne, «Schuld ist die Sonne», von Felix Sigel[2] als wahres Zentrum von Vorgängen, die in rhythmischer Folge unsere Welt verändern.)

Dem aber war vorausgegangen, daß vor Jahrhunderten ganz wenige Menschen erlebten, daß die Sonne, Sitz der führenden *geistigen* Macht, von ihr verlassen und von einem «unrechtmäßigen Fürsten der Welt» in Besitz genommen wurde. Im 13. Jahrhundert, so schildert es die Geisteswissenschaft (zum Beispiel in «Die geistige Führung des Menschen und der Menschheit»[3]), war die Möglichkeit, in die Geisteswelt zu blicken, ganz abgerissen. Damals wurde ein neues Einweihungswesen, ja ein neues Einweihungsprinzip im Verborgenen vorbereitet. Nicht mehr in der Tradition der untergegangenen Mysterien, sondern im Zusammenwirken von Menschen, die nur Abdrücke der alten Weisheit in ihren Wesensgliedern trugen, wurde von «den Zwölfen» ein «Dreizehnter» vorbereitet. Dessen Einweihung geschah, als die «Dämmerung» des Hellsehens abgeklungen war. Im Rückglanz der vergeistigten Weisheit, die die zwölf Repräsentanten der früheren Mysterien ihm übermittelt hatten, konnte diese Weisheit neu in ihnen entstehen. – Das ist die abgekürzte Wiedergabe der Schilderung der Einweihung der Individualität des *Christian Rosenkreutz.*

Was gesucht und gefunden wurde, darf ebenso abgekürzt ein neues, vertieftes Verständnis des Osterereignisses genannt werden, nun selbständig errungen in der Verfinsterung jener Mitte des 13. Jahrhunderts. Es handelt sich um die ungeheure Vertiefung des esoterischen Christentums durch das Wissen, daß sich der Sonnengeist mit der Erde verbunden hat. Deshalb erschien den Ahnenden die physische Sonne verlassen beziehungsweise von anderen Mächten ergriffen.

Von da ging ein Wirken aus, welches die kommende Kulturentwicklung durch unerkannte Träger dieser Weisheit befruchtete. Aus dem Verborgenen heraus und oft durch Scharlatanerie verdeckt und in Verruf gebracht, mußte die stille Vorbereitung neuer Mysterien wirken. Nicht mehr der *mystische* Weg in die Seelentiefen, sondern der *chymische* eines Anschauens von Naturvorgängen als wirkende Symbole für Seelenwandlung wurde von den wahren rosenkreuzerischen Alchymisten gegangen und gelehrt. Die späteren schlechten und primitiven Drucke, die verbreitet wurden, sollten nicht *gedeutet* werden, sondern meditativ in der Seele wirken. – Daneben erfuhr die äußere Welt nur von den «Goldmachern» und anderen nach physischer Stoffverwandlung strebenden Leuten. Da ist ein Teil der schon erwähnten Scharlatanerie. So geschahen auch Lehrweisen, die im vierten Mysteriendrama den «Geist von Johannes' Jugend» angeregt haben. Man lese die Zusammenhänge in den Vorträgen «Mysterienstätten des Mittelalters» vom Januar 1924 nach.[4]

Aber eine Sache muß ganz besonders hervorgehoben werden. Das ist die Vorbereitung, die in den echten rosenkreuzerischen Zusammenhängen auf das kopernikanische System erfolgt ist.

«Es wurde dem Schüler gesagt: Wenn man dasjenige, was der Erde beste Kräfte sind, wirklich studiert, so kommt man zu keinem anderen Weltensystem als diesem. Aber so ist es eben nicht. Es ist nicht so durch die Schuld des Menschen. Durch die Schuld des Menschen ist die Erde unberechtigterweise in den Sonnenbereich übergegangen, und die Sonne ist der Regent der irdischen Betätigungen geworden. Und so kann man einem Weltensystem, das von den

Göttern den Menschen gegeben werden sollte im Sinne des alten ptolemäischen Weltensystems mit der Erde im Mittelpunkte, ein solches entgegenstellen, das die Sonne im Mittelpunkte hat, die Erde sich drehend um die Sonne, das kopernikanische Weltensystem.

Und es wurde dem Schüler anvertraut, daß hier ein Weltenirrtum vorliegt, ein durch menschliche Schuld bewirkter Weltenirrtum. Und dann wurde zusammengefaßt für diesen Schüler dasjenige, was er sich tief in die Seele und tief ins Herz schreiben sollte: Da haben nun die Menschen das alte Weltensystem überwunden und ein anderes an die Stelle gesetzt, und wissen nicht einmal, daß dieses andere, das sie für richtig ansehen, das Ergebnis der eigenen Menschenschuld ist. Was nur der Ausdruck, was nur die Offenbarung der Menschenschuld ist, sieht man einfach als das Richtige gegenüber dem Falschen an.»[5]

Ist Anthroposophie Rosenkreuzertum?

Zunächst eine selbstverständliche Vorbemerkung: Man muß sich deutlich abgrenzen, sowohl von in der Literatur bekannten «Rosenkreuzern» als auch von manchen Bewegungen, die sich heute diesen Namen zulegen. Es ist daher gut, wenn man die naiv gestellte Frage nicht naiv mit Ja beantwortet, obgleich eine Teilwahrheit darin liegen würde.

Um nun eindringender auf die Frage einzugehen, muß ich einige der tiefsten esoterischen Geheimnisse andeuten, die sich im Werk Rudolf Steiners finden, das eben nicht einfach durch *eine* – noch so wichtige – Aufgabe, die es erfüllt, umfassend beschrieben werden kann. Dem Nachstehenden ist daher mit dem gebotenen Takt zu folgen, wenn ich kurz – zu kurz! – von drei geistigen Gestalten oder Wesenheiten spreche und einiges, was in der Anthroposophie gelernt werden kann, in Erinnerung rufe: *Christian Rosenkreutz*, der *Maitreya Buddha* und *Michael*.

Von Christian Rosenkreutz und der zweiten Individualität wird ab 1911 in leise verschiedener Tönung gesagt, daß sie vermöge der Höhe ihrer Entwicklung alle hundert Jahre verkörpert sind. Bei Christian Rosenkreutz kann sogar in den Zeiten zwischen den Inkarnationen eine Wirkung von den höheren Wesensgliedern ausgehen. Solche Wirkungen eines hoch entwickelten Ätherleibes (zum Beispiel von W. Solowjew) können vom geschulten Okkultisten wahrgenommen werden – aber sie sind immer da, auch wenn von anderen nicht wahrgenommen. – Man kann sich für alle Anliegen der neuzeitlichen Geisterkenntnis an die höhere Wesenheit von Christian Rosenkreutz wenden.

Die andere Individualität, die in dem vielfach verkannten und verleumdeten Jeschu ben Pandira hundert Jahre vor Christus lebte und auch fast in jedem Jahrhundert verkörpert war, sie war beim Tod des großen Gautama Buddha im sechsten vorchristlichen Jahrhundert aufgestiegen zur Würde eines Nachfolgers, des Bodhisattva (was die orientalische Bezeichnung für einen Rang, nicht ein Name ist). Dieser Bodhisattva wird 5000 Jahre – so die orientalische Zählung von einer Buddha-Erscheinung zur nächsten – aufsteigen, bis seine letzte Inkarnation vor Erlangung der Buddha-Würde erreicht ist. Er stand in vielen Inkarnationen stets im Dienste des Christus-Ereignisses, welches er zunächst vorverkündete. Seine Aufgabe in unserer Zeit ist die Verkündung der «Wiederkunft Christi», aber nicht in physischer, sondern in ätherischer Gestalt. Die dritte der genannten Wesenheiten ist ganz und gar übermenschlicher Art. Michael ist von Erzengelrang und steigt, wenn er im Turnus mit den anderen sechs Erzengeln seine Regentschaft antritt, zum nächsthöheren Rang als *Zeitgeist* auf. Dies ist seit den Zeiten von Aristoteles und Alexander zum ersten Mal wieder der Fall ab 1879.

Die Wesenheit und die Aufgabe, die in der Gegenwart aus dem Wirken der genannten drei großen Inspiratoren zu ergreifen sind, mögen wie folgt kurz zusammengefaßt werden:

Christian Rosenkreutz, der große Diener des Christus und Inspirator der Menschheitsentwicklung, Lehrer der W*ahrheit.*

Jeschu ben Pandira oder heute der *Bodhisattva* des 20. Jahrhunderts, Bringer des *Guten*, der später das magisch-moralische Wort sprechen wird.

Michael, Zeitgeist, der der kosmischen Intelligenz, die er verwaltete, zu den Menschen hin soweit als möglich folgt, Hüter und Retter der *Freiheit.*

Und die Aufgabe für heute:

Rosenkreutz: Das öffentliche Zugänglichmachen eines zeitgemäßen esoterischen Weges der modernen Wissenschaft. Beruft Schüler durch außerordentliche Lebensereignisse.

Bodhisattva: Vorverkünder und Künder des ätherischen Christus, der in Zukunft von mehr und mehr Menschen wahrgenommen werden wird.

Michael: Ein schweigsamer Rater für den, der mit eigener Aktivität im Sinn der Zeit strebt. Leiter der Michaelschule, die auf die vorgeburtliche Unterweisung der heute zum Geist Strebenden zurückgeht.

Das Werk Rudolf Steiners sei nur in Kürze in seiner Vorbereitung und den drei Phasen der anthroposophischen Arbeit hingestellt. Er spricht über seine Vorbereitung zu Edouard Schuré aus, daß er erst in andere geistige Strömungen wie die von Nietzsche oder Haeckel selbstlos unterzutauchen hatte, dann geistigen Strömungen in der Literatur[6] zu dienen hatte und schließlich Verbindung mit der Arbeiterschaft durch die Arbeiterbildungsschule in Berlin gewann. So hatte er nach einer philosophischen

Grundlegung der eigenen Anschauung sich Verständnis für Zeitströmungen erworben, um schließlich als Okkultist auftreten zu können, der Philosophie und Naturwissenschaft gründlichst kennt.

In späteren Vorträgen (1923)[7] blickt Rudolf Steiner auf die anthroposophische Arbeit zurück, die er selber in drei Perioden und Phasen von etwa sieben Jahren gliedert: die intime Erarbeitung der Grundlagen, zirka 1902 bis 1909, die Darstellung des esoterischen Christentums in den Evangelienzyklen und der künstlerische Impuls, zirka 1910 bis 1917, und ab da die wissenschaftliche und praktische Ausgestaltung (immer in Fortführung des schon früher Begonnen).

Jetzt können wir das *moderne* Rosenkreuzertum vor dem aufgebauten Hintergrund betrachten.

Erst nach einer sehr systematischen Schulung des engsten Kreises in Berlin von 1902 bis 1910 und den grundlegenden Büchern, ja erst nach dem Erscheinen des ersten Mysteriendramas, das «Ein Rosenkreuzermysterium» heißt, geschieht die Enthüllung der Geheimnisse um Christian Rosenkreutz und die Aufgabe der Bodhisattva.

Dies geschieht, während zugleich in die anthroposophische Bewegung ein neuer Einschlag durch die besondere Betonung des Künstlerischen erfolgt. In einem intimen Zusammenhang heißt es davon, daß es sich um die *«künstlerische Vertretung des rosenkreuzerischen Okkultismus»* handelt.[8]

Parallel dazu geht zunächst in der Intimität des Schülerkreises der Aufbau einer esoterischen Schule und der Schaffung entsprechender kultisch-zeremonieller Formen. Ich möchte sagen: Es gibt nur einen Kultus für eine Zeit.

All dies geht später in die Freie Hochschule für Geisteswissenschaft über, welche als irdische Verwirklichung der Michaelschule die «neuen Mysterien», und zwar zunächst die konkrete Karmaforschung, pflegt. In deren Beginn heißt es im Vortrag vom 11. Januar 1924: «Aber es gibt Aufgaben, welche verbunden sind mit dieser Michaelzeit und auf die nun auch jetzt hier hingedeutet werden kann, nachdem dasjenige, was über die Entwickelung der Geistesschau in den verschiedenen Jahrhunderten in der Weihnachtszeit und nachher hier gesprochen worden ist, vorangegangen ist»[9]; nämlich die Rosenkreuzervorträge, aus denen ich die Erzählung zitiert habe.

Später heißt es in diesen Vorträgen, das Eigentümliche der frühen Rosenkreuzerei war, «daß man stehen bleiben mußte dabei, in gewisse traumhafte Zustände hineinzukommen und zu träumen die höhere Wahrheit dessen, was die äußere Wissenschaft nüchtern hier aus der Natur herausfindet». Die Verbindung mit der neuen Michaelepoche liegt darin, daß das nun in bewußter Weise erreicht werden kann. Wobei in der vergangenen Zeit die Rosenkreuzer die starke Sehnsucht hatten, Michael zu begegnen.

Wenn nun im folgenden abschließend versucht wird, die drei unabhängigen Inspirationen oder Einflüsse etwas voneinander zu sondern, so müssen wir im Bewußtsein behalten, daß es sich um eine lebendige Einheit handelt, der gegenüber ein solches Konturenziehen schon etwas Bedenkliches haben kann.

Das moderne Rosenkreuzertum übernimmt das Prinzip des tätigen Lebens im Gegensatz zum Mönchstum. Hinzugefügt aber ist als eine Art Bruch mit der Vergangenheit: nicht mehr Geheimhaltung, sondern öffentliches Lehren der Wege geistiger Erkenntnis und nach naturwissenschaftlicher Methode. Eng verbunden damit ist die Aufgabe einer Vorbereitung auf das neue, ätherische Hellsehen, welches, wenn unerkannt, nur zu seelischen Störungen führen müßte. Die Vorverkündigung und Erneuerung der christlichen Esoterik ist in Verbindung des modernen Rosenkreuzertums mit der Aufgabe des Bodhisattva zu sehen.

Die Erkenntnisarbeit als solche, die tätige Einflußnahme auf die Lebensverhältnisse und zugleich Arbeit an der Spiritualisierung des Intellektes, sind die michaelische Seite dieser Dreiheit.

Selbstverständlich fehlt etwas in der bisherigen Aufzählung. Die Verbindung der Erneuerung des Christentums mit der Lehre von wiederholten Erdenleben und die Karmaforschung. Von einem Gesichtspunkt aus darf man sagen, das sei das sinnvolle Ergebnis des Zusammenwirkens. Die Buddha-Strömung, die immer die Reinkarnation gepflegt hat, war am Zustandekommen des Mysteriums von Golgatha beteiligt. In verwandelter Weise nämlich, als öffentliche Lehre der Verbindung von Christentum mit Reinkarnation, gehört sie sowohl in das erneuerte Rosenkreuzertum wie in die beiden, vorher besprochenen, anderen Wirkungssphären.

Man kann aber das Empfinden entwickeln, daß es sich hier noch um etwas anderes handelt: um den Zentralpunkt der Persönlichkeit Rudolf Steiners, der allen drei Aufgaben und ihrer Verbindung selbstlos diente, aber doch seine ureigenste Aufgabe besitzt.

Da dies sich aus diesen Erörterungen wie von selbst ergibt, darf es berechtigt erscheinen, eine unverbürgte Gesprächsantwort einzubeziehen, wo Rudolf Steiner zu seiner persönlichen Aufgabe gefragt worden war und die Antwort gab: die Verbindung von (erneuertem) Christentum mit Reinkarnation und Karma.

---

1 Thema einer Ostertagung, zu der ein Vortrag obigen Titels vorbereitet wurde.

2 Moskau 1975.

3 Rudolf Steiner, Die geistige Führung des Menschen und der Menschheit. Geisteswissenschaftliche Ergebnisse über die Menschheits-Entwikkelung, GA 15.

4 Ders., Mysterienstätten des Mittelalters, GA 233a, Vorträge vom 4.–13. Januar 1924.

5 Ebenda, S. 211.

6 Rudolf Steiner/Marie Steiner-von Sivers, Briefwechsel und Dokumente, GA 262, «Dokument von Barr», 1907.

7 Rudolf Steiner, Die Geschichte und die Bedingungen der anthroposophischen Bewegung im Verhältnis zur Anthroposophischen Gesellschaft, GA 258.

8 Ders., Zur Geschichte und aus den Inhalten der ersten Abteilung der Esoterischen Schule 1904 bis 1914, GA 264, Vortrag vom 15. Dezember 1911.

9 Ders., Mysterienstätten des Mittelalters, GA 233a, Vortrag vom 11. Januar 1924.

5. *Erleben des Übersinnlichen – Erkennen des Untersinnlichen*

Die Polarität, die im Titel dieser Ausführungen angedeutet ist, kann einem im Mysteriendrama Rudolf Steiners begegnen, und zwar in den Worten der Geistmächte, die im vierten Bild der «Pforte der Einweihung» dem Schüler als erstes in der Seelenwelt entgegentreten. Luzifer ruft ihm zu:

«O Mensch, erkenne dich, o Mensch, empfinde mich.»

Und er schließt die Strophe mit denselben Worten. Dann sagt Ahriman:

«O Mensch, erkenne mich, o Mensch, empfinde dich.»

Bevor irgendeine Betrachtung daran anknüpft, muß daran erinnert werden, daß im zehnten Bild die beiden Mächte, wenn sie aus dem Innern der Seele des Johannes Thomasius, das ist der Schüler, auftauchen, diese Worte, die sie zu Johannes sprechen, vertauscht je an den Anfang und Schluß der Strophe stellen.

Nimmt man zunächst ganz schlicht, was hier gesagt wird, so ruft Luzifer den Johannes mit dem uralten Einweihungswort an, aus dem dieser sich ja in Felsen und Quellen in der Meditation eine ganze eigene Seelenwelt erschaffen hatte. Die weitere Anrufung: O Mensch, empfinde mich, führt zu den Worten, welche aus Luzifers berechtigter Seelenführeraufgabe zugleich eine Versuchung machen. Ebenso spricht Ahriman zunächst nur die Notwendigkeit aus, die ihm gegenüber wahr ist, und gestaltet sie zu einer ebenso verführerischen Aufgabe, wenn er verspricht, da die Schönheit im dichten Licht wirke: «Ich führe dich in wahre Wesenheit.»

Johannes, wohl vorbereitet, kennt das Zeichen von den Mächten vor der Seelenwelt:

> «Die eine lebt im Innern als Versucher,
> die andere trübt den Blick,
> wenn er nach außen ist gerichtet»

sagt er am Schluß des vierten Bildes.

Nicht leichthin wollen wir diese Worte als Wegweiser nehmen, da wir sie mit jener Vertauschung zusammenhalten müssen, die sich im zehnten Bild Thomasius als ernste Mahnung zeigten, da er – von einem Seelenbild geleitet, das in luziferisch geformter Rede ihn zur Selbstzufriedenheit verführen will – sich zunächst nicht klar ist, was in ihm lebt. Es ist an dieser Stelle ganz deutlich, daß ihm nicht erspart bleibt zu sehen, wie Luzifer und Ahriman auch in seiner schon so weit zur ersten Stufe der Einweihung fortgeschrittenen Seele weiterhin wirken. Daß er doch zu Recht in der unmittelbar folgenden Szene des Sonnentempels als Schauender aufgenommen wird, können wir vielleicht daran ablesen, daß ihm die beiden Geistmächte mit derselben Objektivität erscheinen wie zu Anfang und daher nichts Täuschendes mehr haben. Eine weitere Aufklärung geschieht durch ähnliche Strophen, die wiederum zu Johannes Thomasius gesprochen werden, wenn er im zweiten Drama einen weiteren Schritt zur Geisterkenntnis tun muß, nachdem er von Maria, der Freundin, auf seine eigene Geistesfähigkeit gewiesen wird und zunächst dies wie einen Tod erlebt. Es erscheint ihm der Doppelgänger und danach Luzifer und Ahriman, die ihm hier eigentlich nicht verführerische Halbwahrheiten, sondern, entsprechend der fortgeschrittenen Reife, echten Seelenrat geben, eingeleitet durch Luzifer:

«O Mensch, besiege dich, o Mensch, erlöse mich.»

Und Ahriman:

«O Mensch, erkühne dich, o Mensch, erlebe mich.»

Wenden wir uns nun dem Gegensatz von Übersinnlichem und Untersinnlichem zu.

Im letzten seiner Briefe an die Mitglieder spricht Rudolf Steiner von der sogenannten «Unternatur»[1]. Die Elektrizität ist eine Naturkraft, die in früheren Epochen noch nicht eine solche Rolle spielen konnte. Heute aber geleitet sie den Menschen in die Unternatur. Der Mensch darf nur nicht einfach in diese hinabgleiten. Blickt man auf die Zeitsymptome, so kann man heute diese geleitende Rolle im «Zeitalter der Elektronik» auf das allerdeutlichste wahrnehmen.

Nun möchte ich eine gedankliche Sonderung vornehmen, ohne daß ich auf ihr im folgenden pedantisch beharre. Schon in dem Vortrag Rudolf Steiners vom 1. Oktober 1911 (und der Fragenbeantwortung dazu) und später besonders auch in den naturwissenschaftlichen Kursen wird das Thema einer unterhalb der sinnlichen Welt liegenden, ich möchte sagen «gegenätherischen» Welt angeschlagen und in manchen Einzelheiten ausgeführt. Sie charakterisiert sich dem unbefangenen Anschauen deutlich als eine Welt, die *unterhalb* des Reiches der Sinneswahrnehmungen liegt.

Hier ist nicht Anlaß, davon in wissenschaftlichen Ausdrücken zu sprechen oder für Anthroposophen das in Einzelheiten auszuführen. Bereits 1967 habe ich in meinem dritten Band «Vom Bilden physikalischer Begriffe», also in einem für die Öffentlichkeit bestimmten Werk, das Thema ausführlich behandelt. Interessanterweise haben die Besprechungen durch außenstehende Fachleute *nicht* einen «Aufschrei» gebracht, daß das ganz unmöglich sei. Es wird nur auf anthroposophische Gesichtspunkte hingewiesen, sonst aber die Darstellung anerkannt.[2] Man darf sagen: Wenn man heute mit Physikern spricht, hat der Bereich des Untersinnlichen nichts Schockierendes mehr für sie. Aber – es ist, außer bei ganz wenigen, eigentlich keine Metanoia, keine «Sinnesänderung» zu verzeichnen. Das hängt damit zusammen, daß die *Anerkennung* der Welt neuer Phänomene und ihre verstandesmäßige Durchdringung noch nicht eine *Erkenntnis* bedeutet.

Was also ist wahre Erkenntnis des Untersinnlichen? Vor Beantwortung dieser Frage gehen wir zurück zum Begriffsunterschied zwischen Untersinnlichem und der Unternatur! Ebenso wie das Reich des Untersinnlichen bei den Physikern allgemeine Anerkennung findet, kann sie auch für das neue, gewissermaßen fünfte Naturreich, das menschengemachte Reich der Technik, in der Öffentlichkeit registriert werden. Ja, es ist ein wahres Unbehagen und ein weltweites Gefühl zunehmender Verantwortung des Menschen für die Natur, die dieser durch die neue Technik zu zerstören droht, entstanden.

Also kurz: *Untersinnlich* ist das Reich, in welches die Wissenschaft des 20. Jahrhunderts, geleitet durch die Elektrizität, vorstößt. *Unternatur* ist das Reich all der technischen Erfindungen und Änderungen unserer Lebensverhältnisse, welche immer mehr Zeitgenossen so bedrohlich erscheinen.

In der Welt bestehen Anzeichen einer neuen Einstellung zur Natur. Es mangelt aber an einem ebenso schlagkräftigen Denken aus der Sphäre des Übersinnlichen, wie die mathematisch-physikalischen Methoden der Neuzeit durchschlagend geworden sind und sich als solche erwiesen haben.

Der Ruf nach einer neuen Moral ist nicht mehr nur sozusagen ein frommer Wunsch, wie er nach dem ersten Schock über die Atombombe von ihren damaligen «Vätern» wie Einstein, Oppenheimer, auch V. Bush geäußert wurde. Selbst das Verhältnis von Erkenntnissen zu religiösen Fragen wird unbefangen besprochen. Man vergleiche einen Titel, wie Walter Heitlers Buch über das Göttliche.[3] Hier – in der Mitte des Themas – soll das Verhältnis zur Erkenntnis des Übersinnlichen ins Auge gefaßt werden.

Verstehen des Übersinnlichen als michaelische Aufgabe ist dem Anthroposophen klar. Gewiß, der Weg der Anthroposophie zu den Menschenherzen hat den Ausgangspunkt zu nehmen davon, daß sie, die Geisteswissenschaft, zuerst in Ideenform dargestellt werden mußte. In welcher Lage sind wir dann als Erkennende?

Wir haben ja hier die Situation, daß wir zunächst keine eigenen übersinnlichen Wahrnehmungen haben. Nun hat uns Rudolf Steiner auf mancherlei Weise Gedankenformen gegeben, mit deren Hilfe wir einsehen können, daß auch auf diese Weise eine vollgültige *Erkenntnis* möglich ist. Es ist das Verhältnis, grundsätzlich gesprochen, nicht anders als in manchen naturwissenschaftlichen Gebieten: Der Student kann ja unmöglich alle diejenigen Experimente und Erfahrungen selber nachvollziehen, welche den Gedankenbildungen seiner Wissenschaft zugrunde liegen. Man darf hier einschaltend bemerken, daß gerade die physikalischen Wissensgebiete in den letzten fünfzig Jahren eine derartige Verzweigung erlebt haben, daß es nicht zuviel behauptet ist zu sagen: Der durchschnittliche theoretische Physiker versteht fast nichts im Einzelnen von den Methoden, die zu einer Bestätigung oder Widerlegung seiner Folgerungen führen, die er dem Experimentalphysiker zur Prüfung übergibt. Umgekehrt weiß der Experimentator im Feld der neueren Physik zwar, mit welchen Hilfsbildern der Theoretiker zu den mathematischen Entwicklungen gelangt. Die letzteren jedoch sind ihm fast unzugänglich. Aber gleichwohl sind bedeutende Entwicklungen auf der ganzen Linie zu verzeichnen.

Nun sollen uns die Verhältnisse in der Physik keineswegs als Vorbild dienen, sondern illustrieren, daß Erkenntnisse selber nicht unabdingbar an die *eigenen Sinneswahrnehmungen des Forschers* geknüpft zu sein brauchen. Man sieht: Eine nur abstrakte Auffassung der Grundwahrheit der Erkenntnistheorie würde uns in die Irre führen. Denn es ist ja eine einsehbare Wahrheit, daß Erkenntnis *wird*; sie entsteht aus dem Zusammenschluß von Sinneswahrnehmung mit dem Gedankeninhalt. – Eine Wissenschaft, die die Erfahrungsgrundlage *nur* vom Hörensagen bezieht, ist in großer Gefahr. Die Physiker wissen das und klagen auch darüber. – Aber ebenso gilt, daß es nicht in jedem Fall *eigene* Wahrnehmungen sein müssen, die wir Erkenntnissen zugrunde legen.

Konkret genommen heißt das, wir sollen uns ja *nicht begnügen* mit der Wiederholung oder wiederholenden Weitergabe der anthroposophischen Grundwahrheiten. Aber nichts kann uns hindern, sie so in der Seele lebendig zu machen, daß ihre gedankliche Verarbeitung für den Übenden echten *Erkenntnischarakter* besitzt!

Es geht darum, die übersinnlichen Inhalte zu erleben. Die Wege dazu sind bekannt. Sie sind in allen Schriften, die vom Schulungsweg handeln, dargestellt. Es wäre wiederum eine ganz und gar irrige Meinung, den Schulungsweg unter dem Vorwand zu vernachlässigen, er sei nur für den da, der selber Fortschritte im Schauen machen wolle. Jeder einzelne Schritt kann nämlich unter Prüfung des Erfolges angewendet werden auf das gedankliche Umgehen mit dem, was man gemeinhin die *Lehre der Anthroposophie* nennt.

In den folgenden Betrachtungen möchte ich einige konkrete Schritte auf solchem Weg tun und dann die sich ausdrückende Polarität erneut ins Auge fassen.

Einer der wichtigsten Schritte scheint mit das folgende

zu sein: Man kann *sich bemühen, aus den anthroposophischen Gedanken selber imaginative Bilder aufzubauen.* Diese erweisen sich dann als fruchtbar im eigenen forschenden Arbeiten.

Ein solches Bild entwickle ich im folgenden: Zunächst trat die Elektrizität als *Kraft* auf, zum Beispiel zwischen geriebenem Bernstein und leichten Gegenständen (daher der Name Elektron = Bernstein). Dann fand man gewisse chemische, sodann bestimmte magnetische Wirkungen. Jedesmal wurde es nötig, neue Bilder hinzuzufügen. Ein solches war mit Bezug auf die Chemie der *Atomismus,* den man lange *vor* irgendwelchen Bestätigungen *dachte,* ein anderes die Vorstellung von einem elektrischen *Fluidum* (oder auch von zwei solchen Fluida). Dann kam durch den genialen Faraday zur Erscheinung der Eisenfeilspäne in der Nähe des Magneten das Bild der *Kraftlinien,* die den Raum als ein *Feld* erfüllen.

Dies genügt schon, um zusammenfassend von Kraft sprechen zu können, von Kraft zwischen elektrischen Ladungen, von Kraft in der Umgebung einer jeden Ladung, von nichtsinnlicher Kraft, die nicht auf die Körper selber wirkt, sondern auf die in ihnen sich bildenden Ladungen. Zählt man es so auf, so muß man sich nur wundern, daß das 19. Jahrhundert nicht selber den untersinnlichen Charakter der Elektrizität erkannt hat. Das ist die Folge der unwillkürlichen Vermaterialisierung, die (nach Rudolf Steiner) seit 1840 Erkenntnisschicksal wurde[4].

Wenn ich das Bisherige anders, im geistgemäßen Sinn, zusammenfasse, lautet die Aussage so: *Elektrizität ist eine nichtsinnliche Entität, die in der physischen Welt im geborgten Gewande auftritt.* Eine Entität, die sich durch das Verborgensein der elektrischen Teilchen als *lichtscheu* erweist. Das ist schon ein sehr sprechendes imaginatives Bild, das uns vieles verstehen lehrt, was die Geisteswissenschaft über das Wesen der Elektrizität zu sagen hat.

Aber es ist einleuchtend, daß das, was hier betrieben wird, nicht mehr gewöhnlicher Goetheanismus ist, sondern *fortgebildeter Goetheanismus.* Die Imaginationsfähigkeit läßt sich von geisteswissenschaftlichen Gedanken leiten. Das führt zu wahrer Erkenntnis im Untersinnlichen. Diese ist es, welche den Herren dieses Reiches, Ahriman, in seine Schranken weist.

«Erkenntnis des Untersinnlichen» sagen wir und meinen damit, klare Lichtgedanken zu entwickeln, wie etwa den folgenden: Die Gesetze des elektromagnetischen Feldes – wie vorher kurz erwähnt – sind nach Faraday von Maxwell in überaus lichtvolle mathematische Form gekleidet worden. Er ließ sich dabei sogar von einem *Symmetrieprinzip* leiten, derart, daß die Gleichungen oder Formeln mit Größen rechnen, die zu seiner Zeit noch gar nicht beobachtbar waren! Diese Gleichungen wurden vor allem ersonnen, um eine Grundlage zu haben für die Wellenlehre des *Lichtes*, die schon ziemlich weit ausgestaltet vorlag. Seither also haben wir es mit der sogenannten elektromagnetischen Lichttheorie zu tun. Mit Anspielung auf sie und die Elektronenvorstellung spricht Rudolf Steiner in einem Vortrag[5] davon, was für eine *Verleumdung* es ist, die im Lichte wirkenden guten Götter mit dem Namen ihrer Widersacher anzusprechen. – Erst später sind dann von Heinrich Hertz die elektrischen Wellen auf Grund von Berechnungen gesucht worden, die Hertz aus den Maxwellschen Gleichungen abgeleitet hat. Eine bewundernswerte Leistung, aber das Ergebnis kann nur durch eine aus dem Übersinnlichen befruchtete Erkenntnis «richtiggestellt» werden. Die Sache steht nämlich auf dem Kopf: Nicht ist das Licht eine elektromagnetische Schwingung, vielmehr beschreiben die Maxwellschen Gleichungen die Lichtseite der Elektrizität, die sich hier sachgemäß als «gefallener Lichtäther» erweist.

Ich kehre nochmals zur Unterscheidung zwischen dem

Untersinnlichen und der Unternatur zurück. *Untersinnlich* ist der Wirkungsbereich von denjenigen Wesen, welche in einem luziferisch-ahrimanischen Zusammenwirken die Werkwelt hervorbringen. *Unternatur* ist das «fünfte Elementarreich», welches der Mensch in der Gegenwart durch Benützung der untersinnlichen Mächte zu schaffen im Begriff ist. Wie gesagt, es handelt sich hier nicht um eine pedantische Unterscheidung. Doch ist es sinnvoll, auch die Wurzeln der Unternatur in der Geistesgeschichte aufzusuchen. Wie für die Exposition des Themas die Worte der Geistmächte an der Schwelle wegleitend sein konnten, aus den Mysteriendramen, so kann jetzt die Betrachtung eines anderen Dramas «Hieram und Salomo»[6] eine große Hilfe sein.

Inwiefern ist dieses Drama «michaelisch»? Man kann zu ebenso dramatischer Gegenüberstellung gelangen, wie sie einmal Jörgen Smit entwickelt hat an der Polarität, die zwischen dem fünften Gebot, «Du sollst nicht töten», und den sehr detaillierten Schilderungen, wie das Volk Jehovas ermahnt wurde, kriegerisch zu sein, besteht. So möchte es scheinen, daß in Albert Steffens Drama, welches ja nicht lange vor einer Zeit der Michael-Herrschaft spielt, nicht Hieram, der Sonneneingeweihte, sondern Salomo, der Jahwe-Diener, die hervorragende und positive Stellung haben müßte. Das Geheimnis des Dramas, welches ein offenbares wird, liegt darin, daß in ihm der Inhalt der «Tempellegende» öffentlich dargestellt wird. – Die Tempellegende, früher nur in Freimaurerkreisen unter strikter Geheimhaltung tradiert, wurde später verschlüsselt an die Öffentlichkeit gebracht durch Gérard de Nerval, der andeutet, er habe sie im Bazar von Geschichtenerzählern gehört. – Rudolf Steiner bricht im neuen Michael-Zeitalter auch mit der freimaurerischen Tradition, daß Frauen nicht zugelassen seien. Er leitet die ersten Schritte einer solchen Schulung damit ein, daß er zur Vorbereitung derselben einen Vortrag[7] nur für Frauen hält, in welchem er die Tempellegende berichtet. Diese Schilderung und andere Quellen geben das Skelett für die von Steffen künstlerisch ausgeführte Handlung.

Das Drama stellt einen Mysterienvorgang dar. Wer in den Mysterien handelt, nimmt geistig eine spätere Entwicklung vorweg. Hieram handelt aus der freien Menschenindividualität, die es in der gewöhnlichen Entwicklung der Zeit damals noch nicht gab, auch nicht in einer Michaelzeit!

Aber nun zurück zu den Wurzeln der Unternatur: Die Bibel lehrt uns, daß der erste Totschlag der von Abel durch Kain war. Sie schildert weiter, daß das Kains-Geschlecht in Jubal-Kain und Tubal-Kain nicht nur die Väter der Musiker, sondern auch aller Handwerker – nennen wir stellvertretend die der Eisenbearbeitung, die Schmiede – hatte. Hieram ist ein Kains-Sohn. Weit über die Schilderung in Steffens Drama hinausgehend, wird in der Tempellegende bei Gérard de Nerval die Empörung der Kains-Kinder gegen die Jahwe-Herrschaft geschildert. In ihrer Sprache ist Jahwe ein ungerechter Herr. Dann erzählt die Legende die Geschichte des Tempelbaues, wie man sie im Drama erleben kann: die üblen Gesellen, die sich an Salomo machen, vom Verhältnis Hierams zur Königin von Saba, vom Guß des ehernen Meeres und dem Versagen desselben, Hierams Gang in die Unterwelt zu Tubal-Kain und wie es ihm gelingt, mit seiner Hilfe doch den Guß zum guten Abschluß zu bringen. Albert Steffen geht weiter in der spirituellen Schilderung bis zur Erlösung von Kain selber. Hier wird von der dichterischen Phantasie das Mysteriengeschehen zum Zukunftsbilde einer viel späteren Michaelszeit umgestaltet. Das ist geistrealistisch und darf so über die bekanntgewordene Tempellegende hinausgehen. Es ist eine Tempellegende der Zukunft geworden.

Ringen wir nun hier mit der Rolle des Kain, so können wir in ihm unmöglich nur einen Diener der Widersachermächte sehen, trotzdem er in der Legende und im Drama als gebannt in die Erde bei den Feuergeistern erscheint. Wir verdanken das Eisenzeitalter der Tätigkeit der Kains-Söhne. Mit ihren Kräften hat die Menschheit in der Neuzeit durch die Kräfte des Dampfes und zunächst der elektrischen Großtechnik die Welt des Stahles aufgebaut. Dazu kommen dann die Errungenschaften dessen, was man heute Elektronik nennt.

Hier eine Bemerkung: Früher gab es Radioröhren. Sie sind sozusagen empfindliche Stellen, wo kleinste ankommende Impulse vielfach verstärkt werden können, dadurch, daß sich «Elektronen im Vakuum bewegen». Die neuere Festkörperphysik lehrt, entsprechende Gebilde vielfach verkleinert mit Kristallen und künstlichen Schichten bestimmter Stoffe, der sogenannten Halbleiter, herzustellen und damit die Wunder der elektronischen Technik hervorzubringen.

Diese Technik ist selber eine Realimagination. Selbst das Wort «elektronisch» weist auf untersinnliche Wesen, die Elektronen, die vom Erfindergeist gezwungen, sich innerhalb der festen Körper bewegen, so wie die übersinnliche Imagination Rudolf Steiners die Gnomen schildert.

In Steffens Drama wählt Hieram den Sonnenweg; das ist eine tragische Tat. Sie ist Zukunftskeim, unsichtbar im großartigen Höhepunkt des althebräischen Volkes, dem salomonischen Tempel, verborgen. Zugleich ist der Keim der Kains-Tat, der Keim für die Zukunftsentwicklung der Technik, in diesen Entwicklungsstrom gesenkt.

Indem Michael in alten Zeiten Luzifer besiegte, entstand das Bild des Drachens. Wir dürfen auch die gefesselten luziferischen Kräfte in dem Element sehen, in dem die Kains-Söhne ihre Menschheitsaufgabe beginnen. Indem Michael im Anbruch dieser gegenwärtigen Herrschaft die ahrimanischen Geister auf die Erde herunterwarf – wo sie Zugang zu den Menschenköpfen fanden –, entstand auch die Möglichkeit, daß die technischen Kräfte die Unternatur ganz ins Untersinnliche befördern.

Dies ist aber die von uns geforderte Erkenntnis des Untersinnlichen. Sie können wir nur üben, indem wir die Lehre der Geisteswissenschaft in der genannten Weise frei beleben und aus dem Verstehen des Übersinnlichen zum Erleben des Übersinnlichen fortschreiten.

Wir wissen aus allem, was besonders in den «Michaelbriefen» niedergelegt ist, daß es um michaelischen Mut geht. Ich möchte einen Punkt nennen, der mir wichtig scheint. Wir wissen, daß wir unvollkommen sind. Wir kennen die Beschränktheit unserer Kräfte. Wir möchten uns vor der Überheblichkeit hüten, das Wenige, was wir tun können, mit zu anspruchsvollen Namen zu belegen, etwa daß es «michaelisch» sei. Wir können aber Mut entwikkeln, den Mut, auch im Unvollkommenen etwas zu tun.

Wir können den Michael-Fest-Gedanken in der folgenden Art in uns als Seelenkraft beleben: Nicht nur aus der Auferstehung die Zuversicht schöpfen, wenn die Natur im Herbst in den Tod geht. (Es ist der Ostergedanke: Er ist ins Grab gelegt; Er ist auferstanden.) Dann kann man den Michael-Fest-Gedanken so aussprechen: Er ist auferstanden; sie, die Natur, kann beruhigt ins Grab gelegt werden.

Auf diese Art kann man zusammenfassen, was im Ostervortrag der großen Jahresimaginationen[8] und etwas später[9] gesagt wird und in der «Letzten Ansprache»[10] über ein zu schaffendes Michael-Fest gewissermaßen abschließend steht. Solche Stimmung soll in Taten lebendig werden, heißt es da.

Wir müssen beginnen, den Mut zu entwickeln, daß wir auch dem Untergang der Kultur, in der wir leben, als einem solchen Tod entgegensehen und den Keim im Abwelken der Kultur erleben lernen, weil wir uns innerlich bereits mit der Auferstehung durchdrungen haben. Das darf als ein esoterisches Tun aufgefaßt werden.

1 Rudolf Steiner, Die Konstitution der Allgemeinen Anthroposophischen Gesellschaft und der Freien Hochschule für Geisteswissenschaft. Der Wiederaufbau des Goetheanum, GA 260a.

2 Rezensionen W. Macke in: «Physikalische Blätter», Heft 9, und W. Braunbeck in: «Umschau in Wissenschaft und Technik», Heft 7.

3 Walter Heitler, Die Natur und das Göttliche, Zug 1975.

4 Siehe Anmerkung 1, Letzte Leitsätze.

5 Ders., Lebendiges Naturerkennen. Intellektueller Sündenfall und spirituelle Sündenerhebung, GA 220, Vortrag vom 28. Januar 1923.

6 Albert Steffen, Hieram und Salomo, Dornach 1925.

7 Rudolf Steiner, Esoterische Betrachtungen karmischer Zusammenhänge. Sechster Band, GA 240, Vortrag vom 20. Juli 1924, S. 191 und 196ff.

8 Ders., Der Jahreskreislauf als Atmungsvorgang der Erde und die vier großen Festeszeiten. Die Anthroposophie und das menschliche Gemüt, GA 223, Vortrag vom 1. April 1923.

9 Ders., Menschenwesen, Menschenschicksal und Welt-Entwickelung, GA 226, Vortrag vom 21. Mai 1923.

10 Ders., Esoterische Betrachtungen karmischer Zusammenhänge. Vierter Band, GA 238, Vortrag vom 28. September 1924.

6. Das Wort zwischen Technik und Geist

Dem Sinn nach beschäftigt mich das Thema, seit die ersten Veröffentlichungen zur «Kybernetik» erschienen – übrigens ein Wort, welches im deutschsprachigen Bereich aus einem sonderbaren Antiamerikanismus heraus sorgfältigst gemieden wird. Man spricht lieber in einem eingeschränkten Sinn von Informatik, von EDV und hier im Computerjargon von allen möglichen Dingen, nur nicht von der Sache selbst.

Was meine ich hier mit «von der Sache selbst»? Diese Frage führt gleich ins Zentrum. Die Sache selbst ist der menschliche Geist in seiner Auswirkung, wo er «mit Geistverleugnung geistig schafft», wie es in einem der Mysteriendramen Rudolf Steiners von der Tätigkeit Ahrimans in dessen Selbstzeugnis lautet.[1]

Mit anderen Worten: Wir sind die Zeugen, daß das menschliche Denken in unserem Jahrhundert, speziell in dessen zweiter Hälfte, in noch nie dagewesener Großartigkeit einen Teilaspekt technisch meistert und dafür diesen für die ganze Sache erklärt. Das wirkt um so nachhaltiger, als es nicht bewußt oder gar in schlimmer Absicht geschieht.

Es sind nun schon viele Jahre her, daß ich den starken Impuls spürte, etwas zu *tun;* etwas zu tun aus der Einsicht heraus, die einem erwächst, wenn man die Aufgabe wahrzunehmen versucht, als Wissenschaftler die Zeichen der Zeit zu deuten. Es war die Zeit der sich vorbereitenden Raumfahrt; es war aber auch die Zeit, da in Fachzeitschriften viel von der technischen Meisterung von Kräften gesprochen wurde, die wir im anthroposophischen Sinn die *Kräfte des schlafenden Willens* nennen müssen. Zugleich wurden seither gewisse Ergebnisse der Erforschung der Nervenwirksamkeit popularisiert, weil das Gehirn dem Denken als Werkzeug dient, wobei einerseits der primitive Vergleich mit dem Computer hervortrat, andererseits aber auch bemerkt wurde, daß nicht – wie man früher glaubte – einzelne Gedanken ihren Sitz in umschriebenen Hirnregionen haben, sondern als eine Art «unsichtbare Bewegung» sich über das Gehirn hin bewegen.

Davon sprach ich zur Leiterin der Dornacher Eurythmiegruppe, Marie Savitch, und bat um eine Eurythmie-Demonstration, um damit und mit einem Vortrag auf Reisen zu gehen. Das geschah in der Tat in den Jahren 1960 und 1961. Wenn man dasselbe Thema heute wieder behandelt, wie ich es öffentlich und im Rahmen anthroposophischer Zweige getan habe, so aus einem neuen Grund. In der Zwischenzeit hat die technische Verarbeitung des Wortes so wirksam in die Zivilisation eingegriffen, daß – man möchte sagen – viele damalige Prognosen, die seinerzeit die Zeitungen füllten, geradezu überholt sind. Heute muß man nicht mehr vor der künstlichen Intelligenz als einer Sache der Zukunft warnen und etwa auf die Eurythmie als eine Kulturnotwendigkeit nur *hinweisen.* Heute verlangen die Menschen unmittelbare Antworten auf drängende Fragen des Menschseins überhaupt. So wäre nicht damit gedient, nur die Probleme der technischen Informationsverarbeitung, nur den rücksichtslosen Einzug des Computers allerorts zu schildern.

Der Lehrer ist in der Lage, in der Erziehungskunst vor allem mit dem *Wort* zu wirken und durch Eurythmie und Sprachgestaltung auch geistig mit ihm umgehen zu lernen.

Da scheint es mir richtig und angebracht, von der rein anthroposophischen Seite und auch von esoterischen Aspekten zu sprechen.

Das Wort

Es gibt zunächst den trivialen Aspekt, den der «Mann auf der Straße» im Sinn hat, wenn man ihn fragt, was das Wort ist. Er wird sagen: «ein Verständigungsmittel», eine «Information».

Für den Lehrer ist natürlich das Wort *mehr*. Er weiß, wie er mit Worten *malen* kann, wie er mit Worten das Denken *wecken* kann, wie er die absolut notwendige Stimmung *aufrufen* kann. Das heißt, er sollte es wissen und auch, wie es zu lernen ist.

Ich möchte an der Situation des ausübenden Künstlers im Feld der Eurythmie und der Sprachgestaltung etwas erläutern, das auch der Lehrer genauso handhabt, insofern er eben ein Künstler ist, was ja durchaus angestrebt wird. Bei der Eurythmie, indem der Leib künstlerisch gestaltete Bewegungen ausführt, geschieht ein Doppeltes. Im Raume offenbaren sich Kräfte und Gestaltungen, welche sonst nur übersinnlich wahrnehmbar sind. Zugleich geschieht in seinem Inneren ein *leitender*, das heißt durch und durch wollender und in der Anschauung lebender Bewußtseinsprozeß. Das ist eine Art Gegenstück zum *Erkennen*, wo aus der – meist – leiblichen Sinneserfahrung sich die Verbindung mit dem Gedanken entwickelt, aber es ist auch ein Gegenstück zur – auch trivialen – Handlung, welche ein physischer Vorgang ist, der aus dem Bewußtsein, wenn man so will, aus dem Gedanken heraus «abläuft». (Denn erst nach eintretender Handlung weiß man, daß man wirklich gewollt und nicht nur gewünscht hat.)

Der künstlerische Akt (zum Beispiel des Eurythmisten)

steht somit zwischen Erkenntnis und Handlung. Verwandt dazu ist der Sprecher. Ihm ist in der Sprachgestaltung das Wort weit mehr als bloßer Sinnvermittler. Der Sprecher steht, wenn er *gestaltet*, in ganz gleicher Weise zwischen Erkennen und Handeln. Diese Sonderstellung zwischen Erkennen und Handeln macht die geistige Bedeutung von Eurythmie und Sprachgestaltung in der Gegenwart aus. Denn auch der Zuschauer und Zuhörer sind in derselben Lage. Sie nehmen an einem objektiven (geistigen) Vorgang teil, der mit dem sinnlichen der Bewegung verknüpft ist.

Man könnte fast versucht sein, dieses Zusammengehen von Handlung im Physischen mit dem Vorgang im Geistigen mit einem kultischen Geschehen zu vergleichen. Das kann Anlaß sein, ein paar Worte über das Wesen des Kultes zu sagen. Dieser vollzieht sich ja durch Handlungen und Substanzen im *Sakrament* als physisch-geistiger Vorgang. Rudolf Steiner macht es im Dezember 1922 und später im Februar 1923 klar, daß die Gemeinschaftsbildung durch den Kultus darauf beruht, daß jeder Kultus, auch der durch Rudolf Steiner erneuerte, der Bewegung für religiöse Erneuerung, aus der allen gemeinsamen *Vorgeburt* hereinwirkt.[2] Ihm stellt er einen «*umgekehrten*» Kultus der anthroposophischen Gemeinschaft gegenüber, der aus dem geisteswissenschaftlichen Erkennen erwachsend, mit den Kräften des spirituellen Idealismus wirkt. Ich glaube, es ist für sich selbst sprechend, wie die Gemeinschaft von Sprecher und Hörer, von Eurythmist und Zuschauer in dieser Richtung wirken kann.

Es hat dieser Unterschied zwischen Kultus und «*umgekehrten*» Kultus zu tun mit den zwei Strömen der Zeit, wie sie in der «Allgemeinen Menschenkunde» geschildert sind.[3] Damit sind wir zurück beim Lehrer. Sein Wirken mit dem *Wort* kann in dieselbe Richtung gehen.

Ich möchte nun mit Rudolf Steiner auf den «Verlorenen Einklang von Sprechen und Denken» blicken und auf die

«Wiedergewinnung des lebendigen Sprachquells» – beides Vortragstitel.[4] So werden wir mit den Schicksalen von geistigen Wesenheiten verbunden. Ich erinnere damit an den «Fall» von Geistern, von denen es in der Apokalypse heißt: «Und ihr Ort ward nicht mehr im Himmel gefunden.» Nach Rudolf Steiners Deutung ist dies im Anfang der Erdentwickung geschehen und hat bewirkt, daß die Sprache in doppelter Art ihren ihr zugedachten, ursprünglichen Einklang von Sprechen und Denken *nicht* erreicht beziehungsweise verloren hat. Einerseits dadurch, daß das Wort nicht mehr unmittelbarer Ausdruck des inneren Vorgangs *im* Menschen ist, der durch die Erlebnisse an der Außenwelt angeregt ist. Zum anderen weil die regionalen Dialekte der Ursprache durch die Vererbung zu Nationalsprachen wurden, die mit den Völkern naturentfremdet und weitergetragen wurden. Die Einzelheiten können in den genannten Vorträgen Rudolf Steiners nachgelesen werden. Die Quintessenz ist das unabdingbare Verständnis einer zentralen Seite des Christus-Ereignisses. War nämlich die luziferisch-ahrimanische Versuchung des Vormenschen ein Ergebnis der Einwirkung von Geistern, die in der Mondverkörperung der Erde das Ziel nicht voll erreicht haben, so bedeutet das Erscheinen und Wirken des Christus-Geistes – selber eines überirdischen, kosmischen Wesens – in menschlicher Gestalt nicht nur für die Menschen eine Erlösungstat, wie sie in den Bekenntnissen und in Vertiefung durch Geisteswissenschaft verstanden werden kann, sondern auch in den überirdischen Welten, in welchen die Engel und Erzengel die Menschen- und Gruppenschicksale lenken. Ihnen sind dadurch neue Kräfte gegeben, um uns aus der Trennung von Denken und Sprechen herauszuhelfen.

Auf dem Wege dazu braucht es die weitere Einsicht, die ja zu den Elementen der Anthroposophie gehört, daß es nicht «Geist» schlechthin gibt (sowenig übrigens wie «Materie» schlechthin), sondern daß das Reale aus *geistigen Wesen* besteht.

Indem der Pädagoge sich mit diesen Einsichten übend verbindet, erlangt sein religiöses Streben und Arbeiten Vertiefung, die ihm ermöglicht, jenem Ziel näherzukommen, das die schaffenden Geister des Erdenanfangs für die Sprache und Verständigung der Menschen vorgesehen hatten: bei regionaler Verschiedenheit der «Dialekte» doch ein Verständnis in der Gefühlssphäre für den anderen zu entwickeln. Die künstlerische Übung wie das Kunsterleben sind Mittel, um die in der Zivilisation so wirksame Trennung von Sinn und Wort, von willkürlichem Symbol und geistgesättigter Zeichenhaftigkeit in sich und im Unterricht zu überwinden.

Die Wiedergewinnung des lebendigen Sprachquelles durch den Christus-Impuls

Im April 1923 kommt Rudolf Steiner auf das Schicksal des Wortes zurück und wieder im Zusammenhang mit den Vorgängen im Reiche der höheren Geistwesen. Da in diesem Vortrag (GA 224, Vortrag vom 13. April 1923) die heutige Situation in außerordentlich dichten Wendungen gleichsam vorweggenommen wird, scheint es angebracht, einige Passagen wörtlich zu zitieren (S. 176):

«Die Sprache unterliegt ja nicht der menschlichen Willkür in ihrer Entwickelung, sondern in der Sprache lebt der Sprachgenius. Und der Sprachgenius gehört im wesentlichen der Hierarchie der Archangeloi an. Indem der Mensch spricht, also sozusagen um die Erde herum eine Atmosphäre bereitet, in der die zur Sprache artikulierten Lautbildungen des Menschen leben, ist diese Sprachatmosphäre das Element der Archangeloi. Deshalb sind die Archangeloi die Volksgeister, wie Sie aus einem Vortragszyklus von mir wissen können.» (GA 121)

Das folgende Schema (S. 182) aus diesem Vortrag beschreibt einen übersinnlichen Vorgang, der sein Spiegelbild hat in der Entwicklung des menschlichen Sprechens von der Willenssprache über die Gefühlssprache zur (heutigen) Gedankensprache.

«Bedenken Sie, was für ein ungeheuer Bedeutsames sich in dieser Tatsache ausspricht. In das Menschenleben kommt etwas herein, was eigentlich eine höhere Hierarchie braucht, als die erste Hierarchie ist. Man muß dieses nur in seiner ungeheuer umfassenden Bedeutung fühlen, und man wird darauf hingewiesen, wie eine Zeit herangekommen war, in der Götter über dasjenige hinauswachsen mußten, was in der ersten Hierarchie enthalten war. – Nun gibt es eines, was die Götter bis zu jener Zeit nicht erreicht hatten, was auf Erden hier schon im Abbilde vorhanden war. Was die Götter noch nicht erreicht hatten, das ist das Durchgehen durch den Tod. Es ist das ein Faktum, auf das ich schon öfters hingewiesen habe.» (S. 182)

Nach Ausführungen darüber, daß es in der geistigen Welt nicht den Tod im irdischen Sinn gibt, nur Metamorphose, wird die über das Menschenreich hinausgehende Bedeutung des Durchgehens durch den Erdentod durch das kosmische Christus-Wesen erneut betont. Damit ist das Sprachschicksal in den Rahmen des Verhältnisses der Menschen zu Christus gestellt.

«Also mit Bezug auf diejenigen Hierarchien selbst, welche bei Dionysius dem Areopagiten verzeichnet sind, verlieren die Erzengel die Möglichkeit, die Imaginationen von oben zu bilden. Der Mensch verliert die Möglichkeit, seine Sprache lebendig fortzugestalten. In der Götterwelt geht etwas vor, dessen irdisches Abbild das Ereignis von Golgatha ist. Und deshalb hängt mit dem Ereignis von Golgatha unter vielem anderen auch das zusammen, daß, wenn die

Menschen nach und nach immer mehr und mehr den Christus-Impuls aufnehmen, sie durch den Christus-Impuls wiederum den lebendigen Sprachquell erhalten.» (S. 183)

Auf diesem Hintergrund stehen folgende Worte:
«Es brauchte einmal, ich möchte sagen, dieses Absurde, daß die Sprache nur zum Zeichen da ist, daß die Archangeloi die Möglichkeit verloren haben, die Imaginationen aus der Gegenwart zu bilden, daß sie aus der Vergangenheit sie bilden mußten. In dieser Zeit, an deren Beginn sich der Christus angekündigt hat, in der er niederschreiben ließ das Geheimnis seines Wesens und seiner Tätigkeit in den Evangelien, in dieser Zeit ist aber die Christus-Erkenntnis nicht vollständig unter die Menschen gekommen, weil sie nicht geistig genug, weil sie oftmals nur traditionell war. Erst wenn das Wort des Evangeliums belebt wird von einem Christus-Verständnis aus, das in der Gegenwart selber von dem fortwirkenden, immer auf den Menschen Einfluß habenden Christus kommt, erst dann wird auch die sprachbildende Kraft von diesem Christus-Impuls, von dem lebendigen Christus-Impuls ausgehen.» (S. 184)

Die volle Bedeutung kann einem dann aufgehen an dem nachfolgenden Passus, der geradezu die Anleitung zu der hier in Betracht kommenden Meditation ist.

Aber indem der Mensch auf sich selber schaut, was muß er ins Auge fassen, wenn er von der Entwicklung der Archangeloi und von dem, was in den höheren Hierarchien damit zusammenhängt, dahin deuten will? Er faßt die Entwicklung der Sprache oder des Wortes ins Auge, er fixiert, er erinnert sich. Ich will die Entwicklung einer bestimmten Strömung in der Menschheit ins Auge fassen, in die eine Götterströmung hineinverwoben ist. Ich gehe bis zum Ursprung zurück, bis zu den Urbeginnen. ‹Im Urbeginne war das Wort.› Wo war denn das Wort, als wir eine Willensprache hatten als Menschheit? Ja, das Wort war bei Gott und mußte durch Intuition bei Gott gesucht werden. ‹Und das

Wort war bei Gott.› Aber die Archangeloi mußten sich durch Intuition in das Wesen der zweiten Hierarchie hineinversetzen. Das Wesen, das sie da in sich selber überfließen ließen, das war das Wort: ‹Und ein Gott war das Wort.›» (S. 186)

Für ein Verständnis, das sich bemüht, auf feinere Nuancen des Sprechens zu achten, ist der Übergang vom «man» zum «ich» sprechend. Stellvertretend *tut* es der Redner im konkreten Sprechen für uns.

---

1 Rudolf Steiner; Vier Mysteriendramen, GA 14, 4. Drama, 6. Bild, Dornach 1981.

2 Ders., Anthroposophische Gemeinschaftsbildung, GA 257, Vortrag vom 27. Februar 1923.

3 Ders., Allgemeine Menschenkunde als Grundlage der Pädagogik (I), GA 293, Vortrag vom 22. August 1919.

4 Ders., Die menschliche Seele in ihrem Zusammenhang mit göttlich-geistigen Individualitäten. Die Verinnerlichung der Jahresfeste, GA 224, Vortrag vom 13. April 1923.

7. Schicksal, Freiheit und das Ordnen des Karma[1]

Aufgabe der anthroposophischen Bewegung

Schicksal und Freiheit sind Gegensätze, die wohl eine eingehende Erörterung verdienen. Vom Ordnen des Karma spricht Rudolf Steiner in den Vorträgen vom Juli 1924 über die karmischen Zusammenhänge der anthroposophischen Bewegung.[2]

Geisteswissenschaftlich gesprochen, ist die Signatur der Gegenwart der «Sturz in die Freiheit», wie ihn schon die Existentialisten beschrieben haben. Ein Sturz, der zugleich einer in die Dunkelheit der «Werkwelt» ist, in welcher der nicht im Götterplan vorgesehene Materialismus entstehen konnte. Seine Auswirkungen können zur Folge haben, daß die an sich in der Freiheitssphäre gedachten *Inhalte* des Materialismus auf falsche Weise das Physisch-Ätherische des Menschen beeinflussen. So beschreibt es Rudolf Steiner in dem Leitsatzbrief über den kosmischen Aspekt der Freiheit. Davon aber sind wir heute Zeuge. Wir brauchen bloß auf die Informationsmedien zu blicken mit ihren Bestrebungen, unter Umgehung des Ich die Menschen im Sinn von kommerziellen oder auch politischen Interessen zu beeinflussen.

Vor mehr als einem halben Jahrhundert legte Albert Steffen dem Philosophen im Beginn des Adonis-Spieles die folgende Charakterisierung in den Mund:[3]

«Verwandelt wird das Leben der Natur
in meinem Haupt zum Leichnam des Gedankens.
Das Höchste, was mein Geist sich vorgestellt,
die Gottheit, aus dem Licht der Welt geboren,
sie ist zur toten Form im Stein erstarrt.
Im Sinnenlichte selig wahrgenommen,
ein Friedhof wird es, den der Mond bescheint,
– wenn ich mich selbst bescheide, sonst – zur Hölle,
zur Wasserwüste und zur Feuerlohe,
bevölkert von Gespenstern und Dämonen.»

In dieser Stimmung sprechen heute immer mehr Zeitkritiker. Es genügt, die in der Tagespresse erscheinenden Referate zu überfliegen, um dies zu bestätigen. Aber eben nicht nur in der Philosophie, in allen Lebensgebieten begegnet man zugleich den Karikaturen als sogenannte «Freiheiten». Die Freiheitsbewegungen gegen Diktaturen mit ihren nachfolgenden Verkehrungen ins Gegenteil, gegen die Kirche, gegen überlieferte Moral; dann die Phraseologie einer «Freiheit der Nationen», die Freiheiten der Information, der Meinungsäußerung und so weiter, sie sind alles nur Indikatoren, verzerrte Spiegelbilder eines gewaltigen Menschheitsschicksales. Dieses kann aber nur aus geistigen Hintergründen verstanden werden. Man denkt unwillkürlich an die Französische Revolution vor zweihundert Jahren und ihren später nicht zum Tragen gekommenen spirituellen Hintergrund, etwa durch das Wirken des Grafen von St. Germain in der ihr vorangegangenen Zeit.

Jetzt nähern wir uns dem Ende des Jahrhunderts, sind eigentlich bereits mitten in ihm, übrigens auch des Jahrtausends, und sind als Anthroposophen aufgerufen, uns der Aufgabe der «Neuen Mysterien» in besonderem Maße bewußt zu werden, denn es besteht wenig Zweifel daran, daß unsere Zivilisation im Begriffe ist, in den «Morast des Materialismus» zu versinken. Gerade diesen Vorbehalt macht aber Rudolf Steiner bei Vorhersagen in zwei bedeutenden Zusammenhängen: einmal um 1910 in den Vorträgen «Der Christus-Impuls und die Entwickelung des Ich-Bewußtseins» (GA 167), wenn er vom neuen Christus-Erleben ab der Jahrhundertmitte spricht, das andere Mal 1924 bei der uns hier besonders beschäftigenden Vorausschau auf das Zusammenwirken von Platonikern und Aristotelikern und der Ausbreitung der Anthroposophie in weitere Kreise der Kultur.[4] Wir sind ja im Begriff, das Versinken in den Sumpf des Materialismus mitzuerleben; wir müssen nüchtern die Tatsache der uns umgebenden Barbarisierung aller Lebensgebiete registrieren und zugleich Umschau halten nach den positiven Symptomen.

Ich wähle für das folgende die engere Thematik: *Aufgabe der anthroposophischen Bewegung.* Diese Aufgabe ist ja vor mehr als 65 Jahren in wahrhaft erschütternden Worten beschrieben worden.

Besinnen wir uns heute darauf – gewiß nicht zum ersten Male –, so ist es doch wohl unumgänglich, daß wir die Lage der Bewegung und Gesellschaft so ungeschminkt ins Auge fassen, wie es die Kritiker des Sozialismus draußen in der Welt taten, als sie vom «real existierenden Sozialismus» sprachen. Dazu kommen in der Welt neuerliche Illusionen. Ein wichtiges Symptom ist es ja, welch gewaltige Hoffnung die westlichen Medien und teilweise auch die Politiker verbreiteten gegenüber gewissen Reformbemühungen des sowjetischen Generalsekretärs und damaligen Staatschefs (um handkehrum in Schlagzeilen bereits über den Anfang vom Ende seiner Herrschaft zu spekulieren). Dieser konnte ja gar nicht anders als seine, eben nur gewissen, Reformen auf der Basis des *Leninismus* zu formulieren. Darum sind, wie viele in der Bevölkerung Rußlands, auch unsere Freunde recht illusionslos, die letzteren aber zum Glück auch von großer Tatkraft beseelt.

Zu unserer eigenen, gesunden Selbsteinschätzung in der gegenwärtigen Situation (um nun den doch hinkenden Vergleich mit dem Sozialismus zu verlassen) gehört ein Zweifaches: daß wir die Zukunftsaufgaben so kompromißlos sehen wie Sergej O. Prokofieff in seinem Buch («Rudolf Steiner und die Grundlagen der neuen Mysterien») und zugleich unsere gegenwärtige Lage nüchtern betrachten und ihre Schwachpunkte erkennen. Ich wende mich den Darstellungen zu, die Rudolf Steiner im Juli 1924 in Dornach und im August in Arnheim sowie in England gegeben hat.[5]

Diese Vorträge sprechen davon, daß bestimmte Ereignisse in der übersinnlichen Welt *nach* der letzten Michaelherrschaft als *Vorbereitung* der jetzigen anzusehen sind, das heißt der gegenwärtigen, welche 1879 begann und durch das Ende des Kali Yuga um 1900 zu etwas Besonderem berufen ist. Da sind die mit Aristoteles und Alexander in der übersinnlichen Welt weilenden Seelen, die mit ihnen in der Alexanderzeit verbunden waren, also während der vorigen Michaelherrschaft. Sie nahmen von der Geistwelt aus teil am Mysterium von Golgatha, sind nicht irdische, sondern kosmisch-himmlische *Zeugen* des Niederstieges der Christus-Wesenheit; sie erleben, umgekehrt wie die auf Erden weilenden, nicht die Ankunft des sich irdisch inkarnierenden Gottwesens, sondern das Verlassenwerden der Sonne von dem Christus-Geist. Es wird in diesem Zusammenhang mehrfach von «Michael und den Seinen» gesprochen, wie auch von Geistwesen, die sich nicht verkörpern.[6] Es gibt ein «himmlisches Konzil» zwischen diesen «bei Michael gebliebenen Seelen» und den Erben der vorchristlichen Mysterienweisheit, während das gleichzeitige irdische Konzil der Kirchenväter, beeinflußt vom ganz irdisch gewordenen Aristotelismus, dem Menschen den eigenen Geist abspricht. Dann erfolgt die Begegnung zwischen den Trägern des irdisch-arabistischen Stromes, darunter Harun al Raschid und sein Ratgeber, welche die kosmisch notwendige

Aufgabe übernommen hatten – um der Bewußtseinsseele willen –, den Materialismus vorzubereiten. Eine Art kosmischen Gewitters begleitet das «Herunterregnen»[7] der kosmischen Intelligenz auf die Erde, in die Menschenseelen.

Die Erben der vorchristlichen Weisheit, die großen Platoniker, bereiten dann auf Erden in der Schule von Chartres die Scholastik vor, in welche später die großen Dominikaner herunterkommen, um die irdisch gewordene Intelligenz durchzuarbeiten und dadurch auch die Theologie sozusagen irdisch zu machen, bis hin zum Nominalismus.[8] Es ist die große Aufgabe des Thomas von Aquin (wie auch Prokofieff überzeugend zeigt), stellvertretend als Vorreiter die Bewußtseinsseele aus eigenen Kräften, nicht instinktiv, wie der Impuls von Gondischapur wollte, vorzubereiten.

Was nach deren Entkörperung geschieht in den himmlischen Höhen, ist die große Lehrschule des Michael, welche die beiden christlichen Ströme von Seelen, die Nachfolger des Aristotelismus, die «bei Michael blieben», und die Platoniker, die in den ersten Jahrhunderten das Christentum suchten und zum Teil im 12. Jahrhundert in der Schule von Chartres waren, vereinigt, um diese Seelen vorzubereiten für die Aufgabe der Gegenwart. Diese ist, den neuen Michaelimpuls aufzunehmen, der in unserer Zeit das *ätherische Christus-Ereignis* aufzugreifen und die Auseinandersetzung am Ende des Jahrhunderts – und das ist ja die unmittelbare Gegenwart – vorzubereiten hat. Hier ist der Ort, auf ein Werk nachdrücklichst hinzuweisen, welches die subtilen Fragen der beiden Ströme meines Wissens am klarsten behandelt. Ich meine das Buch «Christussucher und Michaeldiener» von Hans Peter van Manen. – Was also ist es, das vorbereitet wurde?

Dies ist die anthroposophische Bewegung. Mit ihr verbunden ist das Mysterium des Opfers von Rudolf Steiner, daß er die Leitung der Anthroposophischen Gesellschaft persönlich übernommen hat.

Sie hat nicht nur diese erschütternd große Aufgabe, sondern auch die, dem ahrimanischen Gegenbild der Michaelschule, der «ahrimanischen Gegenschule», wirksam zu begegnen. Die letztere wirkt besonders durch die in der Neuzeit entwickelte Buchdruckerkunst.[9]

Auf ihre Konsequenzen und technische Fortbildung in den modernen «Medien» muß noch eingegangen werden. Aber wir haben schon jetzt anzumerken, daß die Schwierigkeiten, die die Anthroposophische Gesellschaft in der Nachlaßfrage erschütterten, auch zur Auseinandersetzung mit der Gegenschule gehören. (Ohne damit ein einseitiges Urteil aussprechen zu wollen!)

In dieses Gesamtbild stellt nun Rudolf Steiner mit überaus eindringlichen Worten die neue Esoterik, welche die Anthroposophische Gesellschaft durchdringen soll. Was als allgemeine Karma-Erkenntnis zusammen mit der ausführlichen Darstellung der Christus-Geheimnisse und dem kosmologischen Hintergrund in den ersten einundzwanzig Jahren der anthroposophischen Bewegung gelehrt worden war, soll von nun an, nach der Weihnachtstagung, persönliche, individuelle Karma-Einsicht werden! Die dazu vorbereiteten Menschen, und das sind ja nicht nur die damaligen Hörer, sondern grundsätzlich auch die Älteren aus der aristotelischen Strömung zusammen mit Jüngeren aus der Welt der Platoniker, die auf das Jahrhundertende wiederkommen, sollen in der Zusammenarbeit den Kulturniedergang aufhalten, ja einer neuen spirituellen Blüte zum Durchbruch verhelfen.

Ich füge hier die Worte Rudolf Steiners ein, deren Ernst sich der referierenden Wiedergabe entzieht:
«Das ist das Zerschmetternde – wenn man sich ganz aufrechterhält gegenüber solchen übermächtigen Tatsachenzusammenhängen –, das erschütternd Bedeutsame, was

schon eintrat und immer mehr eintritt: daß der Angelos der einen Menschenseele, die mit einer anderen Menschenseele früher karmisch verbunden war, nicht zusammenging mit dem Angelos dieser anderen Menschenseele. Der eine Angelos von zwei karmisch verbundenen Menschenseelen blieb bei Michael, der andere ging hinunter zur Erde. Was mußte da geschehen? In dem Zeitraum zwischen der Begründung des Christentums und dem Bewußtseinszeitalter, das vorzugsweise signalisiert war durch das 9. Jahrhundert, durch das Jahr 869, mußte das geschehen, daß in das Karma der Menschen Unordnung hineinkam! Damit ist eines der bedeutsamsten Worte ausgesprochen, das man überhaupt aussprechen kann mit Bezug auf die neuere Geschichte der Menschheit. Unordnung ist in das Karma der neueren Menschen hineingekommen. Es wurden in den folgenden Erdenjahren nicht mehr alle Erlebnisse richtig in das Karma hineingestellt. Und das Chaotische der neueren Geschichte, was in die neuere Geschichte immer mehr und mehr soziales und anderes Chaos, Kulturchaos hineinbringt, was nicht zu einem Ziel kommen läßt, das ist die Unordnung, in die das Karma gebracht worden ist, weil eine Spaltung eintrat in der zu Michael gehörenden Hierarchie der Angeloi.»[10]

Bevor ich hier weitergehe, mache ich eine Einschaltung über die neue Esoterik.

Was ist (heute) Esoterik? Sie war Mysteriensache, vorbehalten den durch frühere Leben Vorbereiteten, die von den Eingeweihten erkannt und herangezogen und, nicht zuletzt, verantwortlich geschult wurden. Sie, die Esoterik ist im Umbruch . Sie wird frei und (noch mehr) öffentlich werden.

Der Umschwung des vorchristlichen Mysterienwesens nach schon weitgehender Dekadenz kam mit der Erwekkung des Lazarus: eine wahrhafte Revolution, die in der Gegenwartskultur noch nicht einmal wahrgenommen, geschweige denn verstanden wird. Der Tiefpunkt – später um die Mitte des 13. Jahrhunderts – für die Möglichkeit der Geistwahrnehmung aus dem irdischen Bereich ist in der geistigen Welt begleitet vom Entschluß zur Schaffung einer neuen spirituellen Gemeinschaft auf Erden. Zwei Dinge sind hier parallel zu beachten: die verborgene Entwickelung des wahren Rosenkreuzertums auf dem physischen Plan und die Lehrschule des Michael in der übersinnlichen Welt. Beides geschieht, während die kosmische Intelligenz «auf die Erde fällt».[11]

Wie schon gesagt, ist das nichts anderes als die Vorbereitung der anthroposophischen Bewegung. Es ist hier ausdrücklich zu sagen: Sie umfaßt die verschiedenen Strömungen von Seelen, gleichgültig, wo in der Bewegung sie aus ihren individuellen Schicksalsgründen heraus stehen. Diese letzteren sollen ja für ein gedeihliches Zusammenwirken individuell, also nicht durch irgendeine Führung oder Leitung, welche Anhängerschaften benützt, erkannt werden.

Denkt man die Konsequenzen für uns zu Ende, so überfällt einen das Schwergewicht einer fast nicht zu tragenden Verantwortung. Die im Anfang zitierten Worte aus dem «Adonis-Spiel» geben eine solche Stimmung wieder, die ja dort allein auf die Naturerkenntnis gerichtet formuliert, aber in der Situation des Dramas nach dem Tod des Führers im Drama viel mehr repräsentierend ist. In diesem Drama fällt aber später ein weiteres, auch für heute tief bedeutsames Wort: «Der Verrat ist im Mysterium beschlossen.»[12]

«Ja», muß man sagen, «auch die neuen Mysterien sind verraten.» Und da sind wir in der unmittelbaren Gegenwart.

Ich sage nun: Verraten ja, aber muß das heißen, daß sie verloren sind? (Man darf auch nicht ein noch so seriös überliefertes Wort Rudolf Steiners, daß die Weihnachtstagung «gescheitert» sei, verabsolutieren. Natürlich genügt es, die im Herbst und Winter 1924/25 erschienenen «Briefe an die Mitglieder» gehörig anzusehen, um die Widerlegung durch Tatsachen in Händen zu halten.)

Die neuen Mysterien sind von Rudolf Steiner inauguriert. Daran besteht kein Zweifel. Aber ab hier spielt das Schicksal der anthroposophischen Bewegung nach dem Hingang Rudolf Steiners hinein. Wir sind doch weit entfernt davon, sie, die neuen Mysterien, bereits wirklich zu haben! Durch die neuere Situation mit Bezug auf die Texte der ersten Klasse der Freien Hochschule, die hier als bekannt vorausgesetzt wird, ist die Notwendigkeit des Übergangs zu neuen Formen der Esoterik markiert.

Hier möchte ich mit eigenen Überlegungen einsetzen. Ich erwähnte den «Verrat». Dieser geschah schon früh, als noch im Jahr 1925 die Texte der Hochschule in falsche Hände gerieten. Seither ist noch mehr geschehen, was hier nicht ausführlich dargelegt zu werden braucht. Ich darf hier auf zwei im Nachrichtenblatt Nr. 22/89 erschienene Texte hinweisen.[13] Das eine ist der Rechenschaftsbericht von Manfred Schmidt-Brabant, das andere der Abendvortrag von H. Biesantz, beides bei der Generalversammlung Ostern 1989 gesprochen. Der erste Beitrag führt in den Ernst der Situation und orientiert ausführlich über die entstandene Lage, einschließlich der äußeren und leider auch inneren Gegner. Der zweite soll uns einen Moment beschäftigen. In meisterhafter Weise wird dargestellt, wie die Inhalte der Schule richtig im Geist gehandhabt werden können, in welchem sie ursprünglich gemeint sind: nicht zum Studium bestimmte «Texte» irgendwelcher Art, sondern allein von Mund zu Ohr sinnvoll.

Es konnte nicht in der Absicht dieses seines Beitrages liegen, die Geschichte aufzurollen. Wir müssen das wegen des Schicksals der Gesellschaft, mit dem unser Thema auch verbunden ist, nun doch ein wenig tun.

Früh war vielen verantwortlichen Mitgliedern nach Rudolf Steiners Tod klar, daß eine ganz neue Situation auch hinsichtlich der Hochschule eingetreten ist. Das ist die Schicksalssituation der Freiheit für die Gesellschaft. Mir war schon lange bekannt, daß Carl Unger in den zwanziger Jahren ernsthaft auch den Vorschlag erwogen hat, die Texte der ersten Klasse zu drucken. Daß dies nicht eine stille Meinung von ihm war, geht aus einer Tagebuchnotiz von Albert Steffen hervor, die bei einer jener Zusammenkünfte, von denen in den beiden Beiträgen gesprochen wird, zugänglich gemacht worden ist. Albert Steffen schreibt da vom Besuch Carl Ungers im Februar des Jahres 1928, bei dem ausführlich diese Frage erörtert worden ist, und zwar so, daß Steffen längere eigene Erörterungen anknüpfte über das Wie eines solchen Schrittes. Man muß dazu die bekannten Schwierigkeiten innerhalb des damaligen Vorstandes im Bewußtsein haben, um zu verstehen, daß diese Überlegungen nicht von ungefähr angestellt wurden, daß aber die spätere Form der Pflege der Hochschule, wie wir sie kennen, sich auf diesem Hintergrund entwickelt hat. Diese und andere Ereignisse, die, wie gesagt, nicht ausführlich zu erörtern sind, legen nahe, daß man sich auf den Weg der weiteren Pflege der Hochschule und damit der «Neuen Mysterien» im vollen Bewußtsein macht, daß man sich hier im wahrsten Sinne des Wortes in die Freiheit gestellt sieht.

Also nur aus dem freien Entschluß des einzelnen und ohne Illusion über die etwaige «Identität von Gesellschaft und Bewegung»[14] kann die «freie» Esoterik gedeihen. Wer die Geschichte nicht kennt, ist in Gefahr, Fiktionen aufrechtzuerhalten, wie immer diese entstanden sein mögen. Fiktionen, die ein reales Gift aller wahren Esoterik sind. Wenn Rudolf Steiner über diese Identität von Bewegung und Gesellschaft sprach, so ist zugleich die welthistorische Größe der Handlung eines Eingeweihten berührt. Von ihr spricht die Darstellung Prokofieffs, der die beispielhafte Entwicklung der Individualität Rudolf Steiners zur Selbsteinweihung in dieser Inkarnation und seinen späteren Opfergang darstellt. (siehe Seite. 59ff.)

Damit haben wir neben dem Thema «Schicksal» auch das der «Freiheit im Leben der Gesellschaft» angesprochen und kommen zur «Ordnung des Karma». Hier ist der Ort, um die Fortsetzung der oben zitierten Stelle bei Rudolf Steiner anzusehen:

«Was vereinigt die Mitglieder der Anthroposophischen Gesellschaft? Das vereinigt sie, daß sie ihr Karma in Ordnung bringen sollen! Wenn jemand merkt im Verlauf seines Lebens, daß er da oder dort in Beziehungen hineinkommt, die nicht konform sind seinem inneren Drange, die vielleicht in irgendeiner Weise herausfallen aus dem, was richtige Harmonie ist im Menschen zwischen Gut und Böse – dieses auf der einen Seite – und auf der anderen Seite stets ein Drang in ihm ist, mit dem Anthroposophischen vorwärts zu kommen: da liegt das vor, daß der Mensch wiederum zurückstrebt zum wirklichen Karma, zum Ausleben des wirklichen Karma. Das ist der kosmische Strahl, der sich deutlich für den Erkennenden durch die anthroposophische Bewegung ergießt: Wiederherstellung der Wahrheit des Karma. Sehen Sie, damit ist viel verknüpft von dem, was sowohl Schicksal der einzelnen in der Anthroposophischen Gesellschaft ist, wie Schicksal der ganzen Gesellschaft. Natürlich, denn das fließt ineinander.»[15]

Dem will ich mich im Schlußteil weiter widmen, wenn ich vorerst an konkreten Beispielen diesen Begriff zu erläutern versuche. Rudolf Steiner schildert im letzten der Dornacher Vorträge vom Sommer 1924 das Verhältnis, welches besteht zwischen Individualitäten, welche zu jenen karmischen Strömen gehören, aus denen, wie geschildert, die Menschen kommen, die zur Anthroposophie in «ehrlicher Weise» gefunden haben, und anderen, mit denen einen das

Leben zusammenführt. Daß es auch solche gibt, die jeder Ehrlichkeit ermangeln, erfahren wir schmerzlich an mancher Gegnerschaft in der Gesellschaft. Es gehört zu den unvermeidlichen Prüfungen der Urteilskraft, daß solche Gegner erkannt werden. Dabei ist zu beachten: Allein in abweichenden Auffassungen von bestimmten Aspekten unserer Aufgaben liegt noch lange nicht jener Abgrund, der einen trennt von falschen Führungsansprüchen, von okkulten Anmaßungen. Diese sind zusammen mit anderen Symptomen eben die Randerscheinungen einer auch in die Breite wachsenden Gesellschaft. – Aber sie wollen erkannt sein!

Nach der vorangehenden Bestandesaufnahme der heutigen Situation und ihrer Gefahren muß zunächst an die sich ergebenden Aufgaben gedacht werden: Wir müssen in den großen Perspektiven des fünften Zeitraumes denken und dürfen vor den Symptomen des Kulturniedergangs einem nicht verfallen, der Furcht, die sich im Zweifel und der Resignation äußert. Sie kann sich natürlich mit anderen Seelentrieben mischen. Dazu ein Beispiel: Ich erinnere mich deutlich an den Schock, den ich an den Äußerungen eines damals einflußreichen Anthroposophen in Amerika erlebt habe. Ich war im Sommer 1955 mit ihm in New York verabredet. Er begann nun voller Kritik an den Mitgliedern der Gesellschaft die These vorzubringen, es sei durch die Zeitverhältnisse der von Rudolf Steiner beschriebene «kosmische Fahrplan» längst umgestoßen. Das Jahrhundertende habe bereits begonnen, die Gesellschaft habe ihre Aufgabe nicht erfüllt und sei ein Hemmnis geworden. Man müsse durch diejenigen Menschen in der Öffentlichkeit zu wirken trachten, die Einfluß in der Gegenwart haben. Für sie müsse Anthroposophie neu und «undogmatisch» geschrieben werden. Es ergaben sich für mich bald Anzeichen, daß der Weg dieses Menschen für ihn gefährlich wurde. Nicht lange danach berichtete mir Rudolf Grosse nach einer

Amerika-Reise von einer Begegnung mit dieser Persönlichkeit und einem Gespräch, das auch auf die noch immer akuellen «fliegenden Untertassen» kam. Ich hatte dem Betreffenden ein nur auf englisch erschienenes Büchlein geschickt, in welchem ich den Rummel der fünfziger Jahre über angebliche Begegnungen von «Außerirdischen» mit irdischen Beobachtern als breit angelegtes Ablenkungsmanöver vom kommenden ätherischen Hellsehen charakterisiert hatte. Darüber sagte nun zu Rudolf Grosse sein Gegenüber etwas herablassend, in Wirklichkeit handle es sich ja tatsächlich um planetarische Wesen, die erst in der Erdumgebung physische Form annähmen und dadurch Veranlassung zu der ganzen damals erschienenen Literatur gäben. Rudolf Grosse sagte, er hatte das Gefühl, wie wenn sich zwischen ihnen die Erde zu einem Abgrund öffnete. Zur weiteren Charakterisierung möge genügen, daß dieselbe Persönlichkeit noch einige Jahre später in Spring Valley mit einer neuen «Eurythmie» auftrat, die er aus den spontanen Ausdrucksbewegungen vorpubertärer Kinder, das heißt vor dem Erwachen der Astralität, entwickeln wollte. Zum Glück nahm damals Dr. Karl König unmittelbar danach sehr energisch Stellung gegen solchen unverantwortlichen Dilettantismus. – Man hat dann auch nichts mehr davon gehört.

So gab es und wird es immer wieder Einbrüche von persönlich motivierten oder okkult inspirierten Abwegen geben, die natürlich auch ihre Anhänger finden. Gerade die Furcht, daß «wir», das heißt die anthroposophische Bewegung, unwiderruflich die «Aufgabe verpassen» könnten, kann Seelen zu Anhängern von Bewegungen machen, die mit spirituellen Ansprüchen und unverschämt genug auftreten.

Michaelischer Mut kann sich da erweisen, wo man festhält an den in der Anthroposophie dargestellten großen Entwickelungszusammenhängen. In solchem Zusammenhang möchte ich aufmerksam machen, daß die Möglichkeiten bestehen, daß einerseits die anthroposophische Bewegung – sogar bei einer «schwachen» Gesellschaft – ein gewisses Ansehen und einige Breitenwirkung erhält, also durchaus einem Bild entspricht, das auch Rudolf Steiner für die Jahrhundertwende entworfen hat, und daß andererseits immer neue und immer perfidere Angriffe auftreten, wie zum Beispiel die sich wiederholenden Aktionen von Krankenkassen, ganze Klassen von Heilmitteln durch willkürliche schulmedizinische Forderungen zu diskreditieren.[16] Wir bedürfen großen inneren Vertrauens darauf, daß die Zusammenarbeit mit den kommenden Platonikern gut verläuft. Und wir alten «Aristoteliker», wenn ich so sagen darf, haben unter anderen Aufgaben die: die Ansprüche, die Rudolf Steiner an das Denkvermögen seiner damaligen Zuhörer stellte, nicht untergehen zu lassen, wenn es zum Beispiel heißt, daß viele junge Menschen seine Sprache nicht mehr verstehen.

Die Freiheit im Karmanetz des einzelnen kann bei jedem Schulungsentschluß eben dieses einzelnen voll wirken. Der kosmische Aspekt der Freiheit, den wir erwähnten, ist der, daß die neuen Impulse, die mit Hilfe des Materialismus für die Menschheit gewonnen werden, nicht direkt auf das Physisch-Ätherische wirken dürfen, sondern nur durch das Ich.

Hier kommt ein gelegentlich übersehener Aspekt der «Philosophie der Freiheit» ins Spiel. Man kann über der erkenntnistheoretischen Anstrengung des ersten Teils gleichsam vergessen, daß es der zweite Teil dieses Werkes ist, der schildert, wie durch den Menschen in Handlungen aus der Liebe zum im reinen Denken erkannten Ziel («Liebe zum Objekt» heißt es da) die geistige Welt real wirkt.[17]

Ich fasse die beiden Gesichtspunkte in zwei Zeilen zusammen, die ich schon früher formulierte:

Vergeistigung der Sinneswirklichkeit im Erkenntnisakt, Verwirklichung des Geistes im freien Willensentschluß.

Diese Freiheit ist ihrer Natur nach unabhängig von den karmischen Gegebenheiten; diese wirken aus dem Unbewußten.

Nun zu konkreten Beispielen. Die Mysteriendramen bieten zweierlei Arten vom Ordnen des Karma. Die eine Art ist die, welche aus erwachender Einsicht im Lauf des Einweihungsweges bewußte Konsequenzen zieht. So muß Maria auf einer Stufe ihres Weges erkennen, wie sie gegenüber Vater und Sohn eines früheren Lebens verschuldet ist. Sie kann die doppelte Konsequenz ziehen und tut es tatsächlich: Johannes auf eigene Füße stellen und ihm treu bleiben, auch da, wo er in eine bedenkliche Abhängigkeit von Luzifer gerät, und sie kann Capesius, dem früheren Gegner im Ritterbund, helfen, eine Abweichung auf seinem Einweihungsweg zu überwinden.

Die andere Art wird nur leise angedeutet und kann als Vorwegnahme dessen angesehen werden, was heute eine allgemeine Aufgabe geworden ist. Ich meine das sich entwickelnde Ahnungsvermögen, zu dem die Figur des Romanus im vierten Drama herangereift ist, so daß er in Strader einen Menschen erkennen kann, dem die Menschen seiner, des Romanus, Wesensart viel verdanken. Hier wird ohne die Anmaßung, eine konkrete Karma-Einsicht auszusprechen, der wahre Zusammenhang erfaßt. Man kann im Drama verfolgen, wie der «Weg des Gehorsams», den der mittelalterliche Präzeptor geht, den Menschen Friedrich Trautman dahin führt, sorgfältig Tempelerlebnisse zu trennen vom täglichen Leben, in dem er als mutiger Geschäftsmann Erfolge hat, bis er im vierten Drama wieder mit seinem Tempelnamen Romanus auftritt.

Man könnte nun meinen, daß die heute zu erwerbende Empfindung des Zusammengehörens oder nicht, von der im Vortrag gesprochen wird, noch etwas ganz anderes sei, das in den Mysteriendramen nicht vorkomme, sondern erst der so spät voll dargestellten Aufgabe der «Michaeldiener», um das Wort van Manens zu gebrauchen, angehöre. Ich meine aber, daß Straders Reaktion auf die gewissermaßen verfrühte Einsicht in die mittelalterliche Beziehung zu den Menschen, die jetzt im vierten Drama in verschiedener Weise zu seinem Werke stehen, ein Beispiel für solche Feinheiten der karmischen Verknüpfung oder Nichtverknüpfung ist. Denn er läßt sich kurz vor seinem Tod noch von einem Menschen, der eine Art Gegner ist, und der ihm einen «grundsätzlichen Fehler» seines Werkes vermöge der Inspiration von Ahriman zeigt, zwar in tiefe Zweifel stürzen, aber er überwindet diese und kann noch im Leben die Treue zur Geistesströmung, der er angehört, bewahren. (Ich weiß, daß dies nicht die ganze Situation, die angedeutet ist, auslotet, aber doch in diesem Zusammenhange sprechend ist.)

Noch einige Bemerkungen zum Thema des Verhältnisses zu Menschen, mit denen wir «kein altes Karma» haben. Ich glaube, jeder Anthroposoph wird Erlebnisse haben, bei denen man spürt, daß hier sich wohl ein neues Karma anbahnen will. Man fährt in der Eisenbahn, kommt mit einem Unbekannten ins Gespräch, der einen auf eine Äußerlichkeit hin anspricht. Nach drei Sätzen ist man in der Beurteilung der hoffnungslosen sozialen Lage der Gegenwart, die der Ansprechende zustimmend als nicht mit dem Marxismus lösbar ansieht. Einer unbestimmten Eingebung folgend, sagt man vielleicht, um nicht im Unverbindlichen stecken zu bleiben: «Versuchen Sie es doch mal mit Steiner.» Ja, sagt der, das habe er auch schon gedacht. Dann ist man am Ziel der Eisenbahnfahrt und hört bei der gegenseitigen Vorstellung einen Namen, den man irgendwie aus der Zeitung zu kennen glaubt. Ein Freund, dem man davon berichtet, klärt einen auf: ein katholischer Schriftsteller, der Marxist geworden war. Nun kommt der eigentliche Punkt, warum die Begegnung berichtet wird: Kurze Zeit später erscheint die Nachricht vom Tod eben dieses Mannes in der Zeitung. Man kann die Empfindung haben, daß eine solche Begegnung der Seele des Verstorbenen einen Zugang zu geisteswissenschaftlichen Einsichten nach dem Tode ermöglicht. Ich stütze mich dabei auf eine diesbezügliche Äußerung von Rudolf Steiner.[18]

In dieselbe Richtung gehen Schicksalsbegegnungen mit Persönlichkeiten aus dem Umkreis der Atombombe, deren Bekanntschaft ich suchte, um der Erörterung der Konsequenzen aus der modernen Physik im allgemeinen willen und um die moralische Seite der neuen Kräfte zu besprechen.

Es handelt sich um Persönlichkeiten, die keine Berührung mit der Anthroposophie hatten, die ganz gewiß dem arabistischen Strom angehörten. Aber unter den Physikern dieses Jahrhunderts sind auch solche, denen durchaus Wege zur Anthroposophie offenstanden. Man ist erschüttert, wenn man diese Zusammenhänge kennenlernt und sieht, daß mehr als einmal ein Bruder Anthroposoph ist. Ich erwähne nur Werner Heisenberg und Walter Heitler. Ich kannte sowohl den Bruder, Erwin Heisenberg, einen Chemiker, wie auch Hans Heitler, einen führenden Anthroposophen in England. Ich möchte noch ein Wort über Walter Heitler sagen: Er kam in Schriften wie «Der Mensch und die naturwissenschaftliche Erkenntnis» sehr nahe an geisteswissenschaftliche Wahrheiten heran, so daß Freunde fragten, ob er wohl Anthroposophie kenne. Das war in der Tat der Fall. Heitler konnte aber keine solche innere Verbindung eingehen, daß er sich als «Anthroposoph» gefühlt hätte, obgleich er in einer Periode sehr zufrieden war, daß ich ihn einen solchen nannte. (Ich habe 1967 in dem damals gerade beendeten dritten Band meines Buches «Vom Bilden physikalischer Begriffe» eine längere Würdigung seines philosophischen Alterswerkes aufgenommen.) Er wiederum war in eigenartiger Weise mit vielen anderen der damals führenden Physiker verbunden.

Ein Wort noch über John von Neumann, den ich ohne anderen äußeren Anlaß aufsuchte, als daß unter Bezugnahme auf ihn, der ebenso sehr mit der Entwicklung der Bombe wie mit der Computerwissenschaft zu tun hatte, zugeschrieben wurde, er habe das Denken des Menschen ganz als eine Computertätigkeit beschrieben. Das hat er dann im Gespräch strikte abgelehnt und als typisch journalistische «Leistung» bezeichnet. Er hat dann im Gegenteil mir Hinweise gegeben, inwieweit der Vergleich des Zentralnervensystems mit dem Computer Grenzen besitzt. – Bei einem zweiten Gespräch war er, ohne daß ich es wußte, bereits unter dem Schatten des herannahenden Todes. Er zeigt bei gewissen Ausführungen von mir, daß er nicht mehr innerlich folgen konnte. Als ich mich unterbrach und für das Ungewohnte der Gedanken über die Autonomie des Denkens entschuldigen wollte, sagte er aber: «Fahren sie fort, das ist sehr, sehr interessant.» – Nicht immer wird so deutlich, wie das Schicksal Begegnungen zustandebringt, die einerseits zur Anknüpfung von neuem Karma oder zur Ordnung beitragen.

Zum Schluß möchte ich noch auf das Ordnen des Karma innerhalb unserer Bewegung kurz zu sprechen kommen. Man kann den Eindruck haben, daß die Mitarbeiter Rudolf Steiners, die aus sehr verschiedenen karmischen Strömungen stammten, manches Karma früher ausgelebt und in großer innerer Anstrengung nachträglich geordnet haben. Aus eigener Erfahrung darf ich vielleicht sagen, daß das Interesse für die Denkweise und die oft gleichsam instinktive Reaktion, die sich auf dieses oder jenes bei anthroposophischen Mitstreitern zeigt, ein großes Hilfsmittel zum Verständnis ist, um Keime von Mißverständnissen rechtzeitig zu erkennen und sie nicht auswachsen zu lassen.

Damit kann jeder, auch heute, seinen Beitrag zum Ordnen des Karma innerhalb unserer Bewegung leisten.

---

1 Entwurf eines vor der Ablösung Gorbatschows gehaltenen Vortrages.
2 Rudolf Steiner, Esoterische Betrachtungen karmischer Zusammenhänge. Dritter Band, GA 237, Vorträge vom 1. Juli-8. August 1924.
3 Albert Steffen, Adonis-Spiel, eine Herbstesfeier, Dornach 1935, S. 44.
4 Siehe Anmerkung 2, Zweiter Band, GA 236, besonders die Vorträge vom 23. Juli und 8. August 1924.
5 Ebenda, Dritter und Sechster Band, GA 237 und GA 240.
6 Ebenda, Dritter Band, GA 237, 7. Vortrag vom 28. Juli 1924.
7 ???
8 Ebenda, Sechster Band, GA 240, Vortrag vom 20. Juli 1924, S. 190.
9 Ebenda, S. 191 und 196ff.
10 Ebenda, Dritter Band, GA 237, Vortrag vom 8. August 1924, S. 172ff.
11 Ebenda, Vortrag von 1. August 1924.
12 Siehe Anmerkung 3.
13 Vergleiche außerdem Nr. 24, Jg. 1992.
14 Die Identität von anthroposophischer Bewegung und Anthroposophischer Gesellschaft wurde von Rudolf Steiner bei der Weihnachtstagung 1923 durch die Bildung der Allgemeinen Anthroposophischen Gesellschaft statuiert. In den Auseinandersetzungen innerhalb dieser Gesellschaft nach dem Zweiten Weltkrieg wurde dies gelegentlich von «Dornachtreuen» als selbstverständlich für sie geltend in Anspruch genommen.
15 Siehe Anmerkung 3, S. 173.
16 Anmerkung bei der Drucklegung: Obgleich im deutschen Gesetz inzwischen ein Rechtsanspruch auf Behandlung mit alternativen Methoden statuiert worden ist, läuft ein neuer Versuch, solche Heilmittel zu diskriminieren.
17 Rudolf Steiner, Die Philosophie der Freiheit, GA 4, Kapitel X, S. 151 des Nachdruckes von 1983.
18 Persönliche Mitteilung durch Adolf Arenson.

8. Moralität – Weltmacht der Zukunft

Tertullian, der Vater der lateinischen Sprache des Christentums, wunderte sich, als er noch nicht Christ war, über den Gebrauch der Folter, die man doch benützte, um die Wahrheit zu eruieren, bei Christen aber, um sie zu zwingen, etwas zu sagen, was sie nicht glaubten. Es wird ihm dann das Wort zugeschrieben, er glaube das Christentum, «weil es absurd sei» – «Credo quia absurdum».[1]

Aber sein Ausspruch lautet in drei Teilen: «Christus, der Gott, ist gestorben. Das ist unglaublich. – Er wurde gekreuzigt. Das ist schändlich. – Und er ist wirklich auferstanden. Das ist absurd.»

Indem man auf das Kreuz von Golgatha blickt, tritt für den modernen Menschen ein Rätsel auf: Wie geht die Sündenvergebung an einem der Schächer Hand in Hand mit dem Karmagesetz? Wir werden das weiterverfolgen. Zunächst aber seien die Sätze des Tertullian in die Gegenwart «übersetzt».

Heute müßten wir sagen: Die Intelligenz ist erstorben und kann nur das Tote erfassen. Das ist zwingend wahr. – Der zweite Satz müßte umgewandelt werden: Das Denken wird an die Maschine delegiert und hat die Ehre der Verständigung mit sich selbst verloren, und niemand erlebt das als schändlich. – Und der dritte Satz müßte lauten: Die Intelligenz ist nur ein formales System, festgestellt mit großer Intelligenz, und niemand spürt, daß das absurd ist.

Ich versuche, für den späteren Gebrauch die Sätze ins Positive zu wenden. Der erste Satz könnte lauten: So unglaublich das klingt, der erstorbene Logos kann sich meditativ beleben. – Hier könnte man den Namen von Carl Unger nennen. – Der zweite Satz müßte eine Abwandlung des Satzes eines berühmten Mathematikers vom Anfang des Jahrhunderts werden. Dieser sagte: Das Grundproblem der Mathematik muß gelöst werden um der Ehre des menschlichen Verstandes willen. Er selber konnte das nicht leisten. Ein anderer hat die Schande erlebt und die Problemlösung gefördert. (In der Mathematisch-Astronomischen Sektion interessieren wir uns für ihn.) Der Name ist Paul Finsler. – Der dritte Satz müßte heute, positiv gewendet, heißen: Der Materialismus entstand aus dem Primat, aus der Vorherrschaft der Erfahrung in der Neuzeit. Aber die Erfahrung gerade am Denken in ihrer strengsten Form kann die Absurdität der Selbstabdankung des Denkens überwinden. Hierher gehört natürlich der Name von Rudolf Steiner.

Soweit in Anknüpfung an das Wort von Tertullian.

Eine aktuellere Anknüpfung ist eine Agenturmeldung, daß der Jüdische Weltbund am 20. Januar 1990 an dem Ort, wo vor Jahren die «Endlösung» beschlossen worden war, eine Tagung plante. Die Agenturmeldung aus New York vom 21. März zitierte einen Passus des Präsidenten des «Jewish World Congress», Edgar Bronfman. Ich zitiere:

«Die Juden haben ein Recht, eine moralische Position zur deutschen Wiedervereinigung einzunehmen, und wir werden eine moralische Erklärung abgeben. Ziel dieser moralischen Erklärung wird sein, dafür zu sorgen, daß es (er meint den Holocaust) nicht wieder geschieht.»

Die dreimalige Wiederholung «moralisch» gibt zu denken. Die naheliegendste Interpretation wäre, daß nur gemeint ist: «Wir wollen keine *politische* Erklärung abgeben.» Dann spricht es für das Heruntergekommensein des Wortes «moralisch».

Wer heute von Moralität spricht, gilt als altmodisch oder als Vertreter eines bestimmten Machtimpulses, von dem es ja auch Lehrstühle für Moraltheologie gibt. Aus ihr ist im Frühjahr 1990 der belgische König aus Gewissensgründen in Ausstand getreten, weil er – eben aus Gründen der überlieferten Moral – einen demokratisch zustandegekommenen Beschluß über die Lockerung des Abtreibungsparagraphen nicht unterzeichnen wollte.

Wir sind damit in die Gegenwart geworfen. Die Urheber des Materialismus des 19. Jahrhunderts waren durch und durch moralische Menschen. Keiner von ihnen hätte daran gedacht, was heute alltäglich geworden ist, daß ein Schlachtruf der Feministinnen und Feministen über das «Eigentum am eigenen Leib» ausgedehnt wird auch – lassen Sie mich sagen – auf den gesegneten Leib und dessen Inhalt, als ob das Privatsache wäre. Mit der Billigung der öffentlichen Meinung wird ja heute so gedacht.

Fragen wir uns nun, wie es mit dem Sprechen über die Moralität in der Entwicklung der geisteswissenschaftlichen Bewegung steht. Wenden wir uns in das 19. Jahrhundert, wo die materialistischen Denker persönlich noch von der überlieferten, instinktiv wirkenden Moralität der Vergangenheit zehren konnten, und blicken wir auf den revolutionären Denker, den jungen Philosophen Rudolf Steiner. Er spricht in klaren, unmißverständlichen Worten davon, daß Moralität, also moralische Handlungen, aus der Freiheit des Individuums entstehen, Vorbild werden; daß der Täter nicht nach Moralregeln fragt, sondern sich mit dem Inhalt, dem Ziel der Handlung aus Liebe zu deren Inhalt, aus «Liebe zur Tat» verbindet.[2] Ist das aber wirklich aus der einheitlichen Ideenwelt geschöpft, so kann eine solche Handlung Vorbild werden für andere. Es gibt dadurch Stufen der Moralität, daß man immer neue, durch Individuen geschaffene, moralische Intuitionen zum Vorbild nimmt, daran die Phantasie übt, wie man individuell mit ihnen umgeht, sei es mit eigenen Intuitionen oder frei gewählten anderen Inhalten, Maximen des Handelns, und schließlich weiter zum taktvollen Handeln, wo nicht mehr immer alle Umstände bewußt in Erwägung gezogen werden müssen. Kurz, der revolutionäre Denker Steiner anerkennt in starken Worten keine Herleitung theoretischer Art für moralische Maximen, keine Autoritäten außerhalb des freien Individuums.

Nach der Jahrhundertwende tritt derselbe Rudolf Steiner als okkulter Lehrer auf. Man findet sozusagen in den allerersten Schriften seiner geistigen Lehrerschaft selbstverständlich bestimmte moralische Handlungen, Übungen, ethische Bilder als unerläßliche Voraussetzung für jede höhere Erkenntnis angeführt. Aber man findet keine theoretische Rechtfertigung dafür. Zugleich aber steht Steiner zu seiner Philosophie und damit selbstverständlich zu der genannten radikalen Auffassung der Moralität und betont das ausdrücklich und wiederholt.

Wie steht es mit diesem anscheinenden Widerspruch? Sucht man im Vortragswerk Steiners den Urgrund der Moralität, so findet man an verhältnismäßig später Stelle – nicht etwa eine neue Morallehre, sondern – schlichte Beispiele (Der Titel dieser Vorträge von 1912: «Theosophische Moral», ist in dieser Hinsicht irreführend.): die Schilderung des «Armen Heinrich» von Hartmann von der Aue, wo die freie moralische Entscheidung und Opferbereitschaft eines Menschen sogar zur Heilung der Krankheit des Armen Heinrich führt, und die Wiedergabe der Vita des heiligen Franziskus von Assisi, der – ein wahrer Verschwender erst im äußeren Sinn – zum Verschwender von Liebeskräften wird. Man kann sich ferner an das ergreifende Leben der Mystikerin Simone Weil erinnern und ihren inneren Widerstand, der Kirche beizutreten, deren Inhalte sie anerkannte und deren Messe sie auferbaute, weil sie eigentlich die gewöhnlichen Menschen nicht verlassen wollte. Ein ganz individueller Weg mit franziskanischen Zügen, allerdings aus einem bewußten Ich heraus gestaltet.

Nach solchen Bildern ist ohne begriffliche Umschreibung klar, was Moralität sein kann. Erst dann wird in den genannten Vorträgen von einem großen Geheimnis gesprochen: *daß der Mensch ursprünglich gut ist.*

Das franziskanische Vertrauen stützte sich auf diese vorzeitige, unmittelbar in dem Menschen lebende Güte als Göttergeschenk. Das ist die Moralität, die am Ende der atlantischen Zeit durch Mysterienverrat zugrunde ging, als den Menschen Geheimnisse mitgeteilt wurden, für die sie nicht reif waren, und ist der Grund für die strenge Zucht der Mysterien in der nachatlantischen Zeit, ihre Geheimhaltung und die schweren Mysterienstrafen, die noch lange in die antike Kultur hineinwirkten.

Man kann sich fragen, warum Steiner eine so lange Zeit verstreichen ließ, bevor er diesen spirituellen Aspekt der Moralität darstellte. Ich sehe einen Hauptgrund darin, daß sich erst das Denken seiner Hörer an die Enthüllung mancher Geheimnisse gewöhnen mußte, daß kosmologische Tatsachen nicht nur einmal mitgeteilt, sondern durchgearbeitet werden mußten. Erst ein solcher Hintergrund ermöglichte es, von dem genannten Geheimnis zu sprechen. Dazu kommt etwas, das man nicht leichthin sagt, was aber Steiner selber ins Bewußtsein ruft: daß nämlich die geisteswissenschaftliche Forschung fortschreitet. Ein Beispiel: Die Lehre von der Dreigliederung des sozialen Organismus, begründet auf der Imagination des dreigliedrigen Menschenwesens, geht weit hinaus über die Dreiteiligkeit Leib, Seele, Geist. Sie wird von ihm erst 1917 veröffentlicht, nachdem er sie während dreißig Jahren hatte reifen lassen.[3] An anderer Stelle wird davon gesprochen, daß es schwierig ist, beispielsweise die Reihenfolge von Ereignissen in der Akashawelt zu bestimmen, so daß manches von ihm Gesagte eventuell in der Zukunft zu korrigieren sei.[4]

So gehen wir sicher nicht fehl in der Annahme, daß sich ihm die absolute Evidenz der Wirkung moralischer Stimmungen und Handlungen als Vorbedingung der okkulten Schulung unmittelbar dargestellt hat, daß aber für eine Begründung manches vorauszuschicken und manches selber erst weiter zu erforschen war.

Im Verfolg geht es um die Verwandlung der ursprünglichen Tugenden. Die Mysterien der nachatlantischen Zeit sind Quelle aller Fortschritte, aller Lebenseinrichtungen zur moralischen Erziehung des Menschen.[5] Das Erbe besteht in der griechischen Philosophie in gewissen Tugenden: Weisheit, Starkmut und der Temperamentia (das rechte Maß). Nach einem Wort von Aristoteles ist Tugend «eine von vernünftigen Einsichten geleitete menschliche Fertigkeit, die mit Bezug auf den Menschen die Mitte hält zwischen dem Zuviel und dem Zuwenig». Daraus leitet sich der spätere christliche (rosenkreuzerische) Weg ab, der zwischen Luzifer und Ahriman in Freiheit die Mitte findet, selbst eine Waage zu sein zwischen den Kräften. Die Verwandlung der Tugenden geht in die Richtung, aus der Weisheit der Griechen die Wahrhaftigkeit, aus dem Starkmut der Nordeuropäer Liebekraft und aus der Temperamentia, dem Gipfel der antiken Tugendlehre, eine neue Lebensweisheit zu entwickeln. Für die Zukunft wird man vorerst auf die Verwandlung der Weisheit blicken.

Ich will an einer unscheinbaren Ecke beginnen. Neben den vielerlei Anregungen, die sich in seinem Gesamtwerk finden, ist auch die Geistgeschichte der Sprache. Vor dem Turm zu Babel gab es eine Art Ursprache, die unmittelbar im Wort die Erlebnisse von außen (in den Konsonanten) und die seelischen Innenerlebnisse (in den Vokalen) real ausdrückte. Es gab regionale Dialekte, dann aber durch luziferischen Einfluß sich absondernde Nationalsprachen und daraus durch den ahrimanischen Einfluß, der folgte, die Forterbung unabhängig von den Umweltbedingungen. Das führte zum Verlust des «Einklangs von Sprechen und Denken».[6]

In unserer Gegenwart halten die meisten die Sprache für ein bloßes Verständigungsmittel zwischen Menschen. Wenn der andere weiß, was gemeint ist, dann ist genug geschehen, mag man noch so undeutlich reden. Es sind nicht nur die älteren Menschen mit beginnender Schwerhörigkeit, die die jüngeren nicht verstehen, es liegt eine Veränderung der Sprache vor. Man bemerkt auch bei Kongressen die Folgen der Gewohnheit, ins Mikrophon zu sprechen. In der Sprachgestaltung ist durch Rudolf Steiner ein Mittel gegeben, jenen verlorenen Einklang zwischen Denken und Sprechen auf neue Weise wieder zu gewinnen. Ich spreche jetzt nicht von der dramatischen Kunst und ihrer Erneuerung, sondern von einer Gestaltung der Sprache selber. Sie ist ein esoterischer Weg des Umwandelns des Erlebens mit dem Ziel, ein gewisses Gleichgewicht zwischen dem Zuviel und dem Zuwenig, hier zwischen dem Atem, den Lauten, den Silben und auch den gedanklichen Inhalten, zustandezubringen. Es ist kein Geheimnis, daß es dieser Zweig anthroposophischer Betätigung oft recht schwer hat, verstanden zu werden. Ganz offenbar gibt es «ein Karma» für diese Sache, worauf wir zurückkommen müssen. Zugleich aber spreche ich davon, weil es sich hier um einen Zukunftsimpuls der Moralität handelt. Anthroposophie ist dazu berufen, durch ihre Vertreter, das heißt die Menschen, die sich aktiv mit ihr beschäftigen, an der Vorbereitung der Zukunft mitzuwirken. Es ist notwendig, bei diesem Thema in großen Zusammenhängen zu denken. Man kann von Seiten engagierter Umweltschützer mißverstanden werden, wenn man nicht gleichsam gebannt auf die drohenden Umweltkatastrophen blickt und noch von anderen Zielen als dem Versuch ihrer Abwendung zu sprechen versucht. Man meinte, das sei Fatalismus. Nein, es handelt sich darum, zum Beispiel den Gedanken der Wiederverkörperung ernst zu nehmen. Wenn Katastrophen kommen, dann sind die darin verwickelten Menschen nicht (nur) passive Opfer, sondern, von ihrer ewigen Individualität aus angesprochen, willentliche Teilnehmer an der Vorbereitung der Zukunft. In diesem tiefen Sinn beginnt jetzt die Vorbereitung für große Zeiträume eines heilenden Elementes der Sprache. Von ihm spricht Anthroposophie, denn die Darstellung der großen Tatsachen über die Loge der Bodhisattva des 20. Jahrhunderts geschieht durch Rudolf Steiner zugleich mit dem Hinweis auf die ätherische Erscheinung der Christus-Wesenheit.[7] Ich gebe im Anhang die wesentliche Stelle im Wortlaut wieder. Sie handelt von der neuen, heilenden Sprache die der Maitreya nach 3000 Jahren sprechen wird.

«Der Gautama Buddha hat große intellektuelle Lehren vom rechten Sprechen, rechten Denken usw. in dem achtgliedrigen Pfade ausgesprochen. Der Maitreya Buddha wird Worte haben, die unmittelbar durch ihre magische Kraft zu moralischen Impulsen werden bei Menschen, die sie hören.»

In kühner Abkürzung heißt es an anderer Stelle, daß ein Johannes-Evangelist des Maitreya Buddha das Wort, den Ausspruch: «Und das Wort ist Fleisch geworden», umwandeln müßte in: «Und das Fleisch ist Wort geworden».[8]

In diese Zukunftsaufgabe ist der überaus keimhafte Beginn einer neuen Gestaltung der Sprache gestellt. Die daran arbeiten, wissen, daß sie Vorläufer der Vorläufer sind. – Das ist ein Weg zu neuer Wahrheit im Sprechen.

Auf elementarer Stufe besteht im Sozialen die Aufgabe der Wahrhaftigkeit. Ein Beispiel: In den zwanziger Jahren empfand es Steiner als besonders schwierig, wenn seine

Mitarbeiter einzeln zu ihm kamen, über die anderen sprachen, meistens über deren Mängel klagten, aber daß es nicht möglich war, daß, wenn der ganze Kreis beisammen war, dann die Gedankenbilder, die der eine vom anderen hatte, wirklich dastanden. Es ist also das neue Ideal der Wahrhaftigkeit im alltäglichen Umgang bei weitem noch nicht erreicht. Man ringt selbstverständlich um das Ideal der ethischen Wahrhaftigkeit. Es geht um eine Verstärkung der Liebefähigkeit, um ohne Kränkung, Abstoßung oder Verletzung sprechen zu können. Das gehört zu den Grundlagen der zukünftigen Moralität, von der wir zu sprechen versuchen.

Ein Mittel, das auf diesem Wege helfen kann, ist das *Interesse am anderen Menschen.* Gemeint ist nicht nur das gewöhnliche, liebevolle Interesse, wie es dem anderen geht, sondern die Auseinandersetzung mit den Wesensuntergründen, aus denen heraus grundlegend verschiedene Positionen im geistigen Streben entstehen können. Es geht um das Interesse dann, wenn man (im Sinn der Ausführungen des vorangehenden Aufsatzes) verschiedene karmische Herkunft spürt, wenn einem der andere beinah unerträglich wird durch seine Art, wenn man sich fragt, was ist es denn, das mich von Anfang an in eine Gegenposition bringt, bis ich merke, in mir sind Impulse, die danach verlangen, daß ich Interesse gewinne für den Hintergrund aus dem ganz andere anthroposophische Gesichtspunkte vorgebracht, dargelegt, verwirklicht werden, als es die meinigen sind. Das ist eine Voraussetzung für ein gutes Zusammenleben im Sinn der Wahrhaftigkeit.

Das ist auch eine Frage der recht verstandenen Toleranz. Diese besteht nicht in der Gleichgültigkeit eines Friedrich des Großen – «Jeder soll auf seine Façon selig werden» –, das ist spottende Überheblichkeit. Toleranz beginnt überhaupt erst da, wo man den Irrtümern, oder vermeintlichen Irrtümern, des Freundes und Bruders gegenüber die Haltung einzunehmen lernt: Ich bin bereit, mit ihm zu kämpfen, inzwischen aber auch bereit, die Folgen seiner Intuitionen mitzutragen. Toleranz ist dann Mittragen-Wollen im Vertrauen auf das höhere Selbst, in welchem man sich dann einig werden kann.

Ich komme zurück darauf, daß es die gestaltete Sprache schwer hat. Das ist so, weil noch immer unerkannte Strömungsdifferenzen in der Beurteilung mitwirken. Es handelt sich hier, wie beim Streben nach der Wahrhaftigkeit im Sozialen, um eine Sache, die man auch nur mit großer Scheu berühren darf. Will man die Wirkung des Christus-Impulses recht verstehen, muß man versuchen, den Sinn der Sündenerlösung als eine objektive Tatsache zu sehen, die nicht eine Aufhebung des Karmas bedeutet. Vielmehr handelt es sich darum, daß durch die Christus-Tat die Folgen für die Menschheit aufgehoben werden, auch wenn das eigene Karma erst im Lauf der Verkörperungen ausgeglichen sein wird. Das ist der tiefere Sinn des noch lange nicht verstandenen Paulus-Wortes: «Nicht ich, der Christus in mir.»

Ich schließe mit einigen Worten Steiners: «Und eine ungeheure Bedeutung wird übergehen in das Bewußtsein des Menschen, durchchristet zu sein. Und er wird verbinden mit dem Paulinischen Ausspruch ‹Nicht ich, sondern der Christus in mir› auch das Gefühl, daß er nun im tiefsten, tiefsten Ernst machen muß gegenüber seiner innerlichen Verantwortlichkeit dem Christus gegenüber. Das aber wird die Anthroposophie in das Christus-Bewußtsein hineinbringen, daß dieses Verantwortlichkeitsgefühl auftritt, daß wir nicht bei jeder Gelegenheit uns herausnehmen zu sagen: Ja, ich habe das geglaubt, und weil ich es geglaubt habe, durfte ich es auch sagen. Unser materialistisches Zeitalter geht immer weiter in diesem ‹ich war überzeugt, und deshalb durfte ich es sagen›. Aber ist es denn nicht eine Schändung des Christus in uns, eine neuerliche Kreuzigung des Christus in uns, wenn wir so kurzfühlend sind, daß wir daraufhin, daß wir irgend etwas in irgendeinem Moment glauben, wir es hinausschreien in die Welt oder hinausschreiben in die Welt, ohne es untersucht zu haben. Das Gefühl wird entstehen in der Menschheit, wenn sie es ernst nimmt mit dem Christus, daß man sich dieses Christus, der in uns lebt, würdig erweisen soll dadurch, daß man es immer gewissenhafter nimmt mit diesem Christus, diesem kosmischen Prinzip in uns.»

Wir sehen also, wie der auf die Erde herabgestiegene Christus, von einer physisch-irdischen Menschenwesenheit ausgehend, sich allmählich entwickelt als ätherischer, als astralischer und als Ich-Christus, um als Ich-Christus der Geist der Erde zu sein, der dann mit allen Menschen sich emporhebt zu höheren Stufen. Und wir wissen aus okkulter Forschung, daß dieser Maitreya Buddha die Kraft des Wortes in einer solchen Weise haben wird, daß sich die heutigen Menschen davon noch gar keine Vorstellung machen können. Wir können heute hellsichtig in dem höheren Weltenwesen sehen, wie der Maitreya Buddha lehren wird nach 3000 Jahren.

Wir könnten vieles von seinen Lehren in symbolischen Zeichnungen ausführen. Wir finden aber heute noch nicht die Möglichkeit dazu, weil die Menschheit noch nicht reif dafür ist, solche Worte auszusprechen, wie sie der Maitreya Buddha aussprechen wird, Worte, die unmittelbar moralisch bildend wirken werden, heilend wirken werden.[9]

---

1 Zitiert nach Rudolf Steiner, Der Tod als Lebenswandlung, GA 182, Vortrag vom 16. Oktober 1918, Wie finde ich den Christus?

2 Ders., Die Philosophie der Freiheit, GA 4, Kap. X.

3 Ders., Von Seelenrätseln, GA 21.

4 Ders., Die Theosophie des Rosenkreuzers, GA 99, Vortrag vom 28. Mai 1907.

5 Zitiert nach Rudolf Steiner, Christus und die menschliche Seele, GA 155, Vortrag vom 30. Mai 1912, Theosophische Moral.
6 Ders., Kunst- und Lebensfragen im Lichte der Geisteswissenschaft, GA 162, Der verlorene Einklang von Sprechen und Denken.
7 Ders., Das esoterische Christentum und die geistige Führung der Menschheit, GA 130, Vortrag vom 1. Oktober 1911, Die Ätherisation des Blutes.
8 Ders., Die Sendung Michaels, GA194, Vortrag vom 22. November 1919.
9 Siehe Anm. 7.

9. Aspekte des Heiligen Geistes

Was versteht man heute unter Geist, was unter dem «Heiligen Geist»? Und wie kann der Mensch der Gegenwart ein Verhältnis dazu erlangen? *Geist*, sagt das Lexikon, sei das am Menschen, das nicht materiell ist. Das ist weniger eine echte Umschreibung als eine Wort- oder Sprachgebrauchserklärung in dem Sinne: Das meinen die Leute, wenn sie «Geist» sagen. Dabei gibt es noch andere Wendungen wie «geistreich» oder «geistvoll», die mehr die stilistische Seite des Schreibens oder Redens betreffen als die philosophische. Abgekürzt: Ein geistreicher Satz funkelt, oder er ist witzig; eine geistvolle Bemerkung gibt Stoff zum Nachdenken, auch wenn sie nicht besonders brillant formuliert ist.

Aber ist der Geist etwas Reales oder bloß ein abstrakter Name für Betätigungen der *Kultur*? So etwa im Ausdruck «Geisteswissenschaften», die im Englischen «humanities» und in der Sprache des jüngst vergangenen ostdeutschen Jargons «Gesellschaftswissenschaft» heißen. (Denn «Geist» kann es ja nicht geben ...)

Noch im 19. Jahrhundert erfolgte eine Absetzung des Hegelschen Geistbegriffes. Scheinbar im leeren Raum war durch Hegel aus der Denkbewegung (Dialektik) der ursprünglichsten und einfachsten Begriffe wie Sein, Nichts und Werden eine «Phänomenologie des Geistes» aufgebaut worden, für die nach der Mitte des Jahrhunderts in der herrschend gewordenen, auf das Materielle gerichteten Naturwissenschaft jeglicher Sinn fehlte. Daß die auf die Erfahrungswelt gerichteten Gedanken sich frei konstruieren lassen sollten, wurde einfach als lächerlich erlebt und verspottet. Die Folge ist am Ende unseres Jahrhunderts, daß etwas wie der «Heilige Geist» nur mehr in religions*historischen* Zusammenhängen interessiert: Wie hat man sich im Mittelalter das Verhältnis der «drei göttlichen Personen» vorgestellt? Daß sie zum Beispiel in der russischen religiösen Malerei durch drei an einem Tisch sitzende Engelsgestalten verbildlicht werden, ist seit dem Verbot durch einen Papst in der Westkirche völlig unbekannt.

Die Entwicklung des Menschen

Für die anthroposophische Geisteswissenschaft ist der Mensch der seelisch-leibliche *und mit Geist begabte* Nachfahre von Formen, die zwar tierähnliche Leiber hatten, aber in einer Geistatmosphäre eingebettet lebten und sich nach und nach die Voraussetzungen für die Aufnahme eigener Geistigkeit erwarben.

Um dem Sprachgebrauch einer solchen Geisteswissenschaft mit Verständnis näherzukommen, kann man zunächst auf die vier Naturreiche blicken: vom leblosen Mineralreich aufsteigend über das belebte Pflanzenreich und das nicht nur belebte, sondern auch empfindend und wollend sich gebärdende Tierreich bis zum Menschenreich, das über die drei genannten Elemente: Stoff, Leben und Empfindung auch noch im Denken und der Sprache eben sich «geistig» weiß. Daß jeweils an den Grenzen der Reiche Übergänge existieren, darf einen dabei nicht verunsichern. Es handelt sich nicht um begriffliche Konstruktionen, sondern um unmittelbare Beobachtung von Wesensunterschieden zwischen diesen Naturreichen.

Die Anthroposophie als Geisteswissenschaft beruht dann weitgehend auf der verständnisvollen Entgegennahme von Forschungsergebnissen, die bei unbefangener Betrachtung ebenso Vertrauen verdienen wie die weitherum popularisierten Ergebnisse der zeitgenössischen Naturwissenschaft.

Das Bild eines Urmenschen mit einem eigenen «ätherischen» Leib und einem eigenen «astralischen» Leib, in denen sich die Anlagen zur Aufnahme von Geistigem bilden, wollen wir aus der elementaren Anthroposophie voraussetzen.

Heute taucht in populären und auch in fachlichen Erörterungen das Wort «anthropisches Prinzip» auf. Man kann empfinden, daß ein unbefriedigtes Sehnen nach Geistigem in der Welt sich angesprochen fühlt, wenn die Kosmologie als Wissenschaft vom Werden des physisch-materiellen Universums das Auftreten des Menschen in der Entwicklung auf neue Art ernstnehmen will und zur Aussage gelangt: Entweder ist die Entwicklung «von außen» *gesteuert* oder sie geht von *äußerst unwahrscheinlichen Anfangsbedingungen* aus.

In beiden Fällen steht das im Widerspruch zu den vulgär-materialistischen Denkgewohnheiten. – Im Gegensatz dazu geht die anthroposophische Kosmologie nicht von Spekulationen über die Hochrechnung heutiger physischer Zustände in Vorzeiten aus, sondern von *geistigen Wesen.*

Dies setzt eine vorläufige Verständigung darüber voraus, daß die Forschungsmethode der Anthroposophie, auf einer Verstärkung der *inneren* Beobachtungsmöglichkeiten beruhend, von Anfang an von geistigen Welten und Wesen zu sprechen hat, eben weil diese sich so dieser Methode ergeben. «Geist» ist in diesem Zusammenhang nicht ein irgendwie verfeinerter Stoff, sondern am ehesten in Analogie zu unserem heutigen *Bewußtsein* zu verstehen. In diesem heutigen Bewußtsein kennen wir sehr wohl den Unterschied zwischen dem Denken, dem Fühlen und dem Wollen. Es ist das

Denken, das uns die Garantie des Wachseins liefert, zum Beispiel durch die kritische Selbstprüfung: «Träume ich?»

Methodisches

Also nicht aus physikalischen Spekulationen wie bei der üblichen physikalischen Kosmologie, sondern aus den im Innern gewonnenen spirituellen Wahrheiten wird der Anfang einer spirituellen Kosmologie genommen. Das setzt voraus, daß man den Begriff eines bewußten Wesens bilden lernt, ohne daß man die naive Voraussetzung macht, ein solches müsse ein materielles Bewußtseinsorgan haben. Was sonst vielleicht verpönt ist: von sich auf andere zu schließen, ist hier sinnvoll. *Wir kennen uns als bewußte Wesen.* Anthroposophie lehrt, solche bewußte Wesen für übersinnlich wahrnehmbar und erforschbar zu halten. Sie an den Anfang der Entwicklung zu setzen, ihnen die Existenz *vor* einer physisch wahrnehmbaren Welt zuzugestehen, das ist die Voraussetzung, die mit Recht zu machen im Buch «Die Geheimwissenschaft im Umriß» gelehrt wird. – Man kann dann dem anthropischen Prinzip mit innerer Überzeugung das folgende entgegenstellen: Der Kosmos, in dem wir leben, ist *aus* dem Menschen, durch die *Entwicklung* des Menschen und *um* des Menschen *willen*, vermöge der Tätigkeit geistiger *Wesen* entstanden. Diese aber leben *nicht jenseits* eines raumzeitlichen Horizontes; sie sind hier und jetzt *erkennbar.*

Als aus den Schöpfertaten höchster Geistwesen hervorgehend, darf man sich in stufenweiser Verdichtung die Entwicklung im großen vorstellen. In ihr wird erst eine stoffliche Grundlage, in einem nächsten Anlauf ihr Leben und in einem dritten das empfindende Leben geschaffen als Zustände, die man in der einschlägigen Literatur auch «planetarische Verkörperungen» nennt. Und erst in einem vierten, dem Erdzustand, in welchem wir heute leben, kann davon gesprochen werden, daß nach gewissen Wiederholungen der früheren Zustände die *Anlage zum heutigen Ich-Bewußtsein* entstehen kann. Für alle Einzelheiten ist hier auf die «Geheimwissenschaft» zu verweisen, welche in klaren Begriffen solche Dinge wie den Unterschied des Trägers aller Empfindungen, Wollungen und Vorstellungen, des sogenannten *Astralleibes*, von den niedereren Wesensgliedern, *physischer* und *ätherischer* Leib, darstellt. Erst nach einer gewissen Ausbildung dieser leiblich-seelischen Natur des Menschenvorfahren kann an eine Schilderung gegangen werden, wie nach und nach die *Grundlage* für das Einziehen des menschlichen *Ich*, wie wir es heute kennen, geschaffen worden ist – *natürlich aus dem Geiste!*

Drei Aspekte

Wir wollen nun die drei Aspekte des Geistes nennen, die wir behandeln wollen:

1. der alttestamentarische Aspekt,
2. die Dreiheit von Vater, Sohn und Geist in den vorchristlichen Mysterien,
3. das Geheimnis der Trinität nach Rudolf Steiner, man könnte auch sagen: *für heute.*

In der Bibel ist nur an wenigen Stellen vom Heiligen Geist die Rede. Immerhin kannte das Alte Testament das Ergriffensein vom Geist, wenn der oder die Betreffende beginnt zu «weissagen». Diese «Be-Geisterung» ist in allen Sprachen in den alltäglichen Gebrauch übergegangen. Enthusiasmus heißt auf griechisch eben dasselbe. Die *Verklärung,* zum Beispiel auf Englisch *«transfiguration»,* ist für den Rest alten Hellsehens das Ergriffensein vom Heiligen Geist. Der lebendige Odem, der Adam eingehaucht wurde, ist das biblische Bild für die Vorbereitung des Urmenschen auf die Individualisierung des Geistes in ihm.

Wir erinnern uns, daß in der anthroposophischen Neungliederung der menschlichen Wesenheit die drei Geistesglieder nur als Keime angelegt sind. *Geistselbst* als verwandelter Astralleib, *Lebensgeist* entsprechend dem Äther- und *Geistesmensch* entsprechend dem physischen Leib. In einem gewissen Sinn kann dann das Erdenziel der Menschen in der vollen Ausbildung der höheren Wesensglieder gesehen werden. Dabei entspricht der ersten Stufe, der *Bildung des Geistselbstes* als individuelle Teilhabe am *Manas*, das *Einziehen des Heiligen Geistes.*

Dies war auch den vorchristlichen Mysterien bekannt. Im dreieinhalbtägigen Einweihungsschlaf wurden die höheren Wesensglieder herausgehoben und der Ätherleib so weit gelockert, daß ihm unter der Führung des Einweihungspriesters die großen Weistümer eingeprägt werden konnten. Der durch die Einweihung verwandelte Ätherleib wurde von Hellsichtigen als Verklärung, als Innewohnung oder Durchdringung mit dem *Heiligen Geist* wahrgenommen. Der Eingeweihte selber aber lernte, in Vorwegnahme einer späteren Entwicklungsstufe der Menschheit überhaupt, «Ich bin» zu sagen. Der *«Ich bin der ‹Ich Bin›»*, der Moses im Dornbusch erschienen war, ist, was immer erkannt wurde als der *Sohn* im Eingeweihten, wenn er durch ihn wirkte. Und ohne diese Kenntnis wird man nie die Gottessohnschaft Jesu verstehen können.

Nun war den alten Mysterien das Herannahen des Christus-Geistes wohlbekannt, der sich vorbereitete, um den Menschen nach dessen immer weitergehender Individualisierung den entscheidenden Impuls zur selbständigen Vergeistigung zu geben. Hier ist es notwendig, darauf zu blicken, daß sich einem älteren Geistwahrnehmen der schöpferische Christus-Geist in verschiedener Gestalt offenbarte. So muß verstanden werden, daß vom Gesichtspunkt der Individualisierung aus *Jahve,* als einer unter anderen Volksgeistern, der des althebräischen Volkes ist. Zugleich aber erscheint uns Jahve als eine vorchristliche Erscheinungsform des (noch) kosmischen Christus-Geistes, der seit frühen Perioden der Entwicklung unter verschiedenen Namen verehrt wurde.

Hier müssen einige Aspekte des Heiligen Geistes eingefügt werden, die etwas abschweifend anmuten können, es aber eigentlich nicht sind. Der erste betrifft die Verkündigungsgeschichte. Man kann sie nach Rudolf Steiners Forschung so berichten: Die zukünftige Mutter wurde vom Heiligen Geist überschattet. Ihre Verklärung wurde vom frommen Manne Josef wahrgenommen. So wagte er nicht, sich dieser Gebenedeiten zu nähern, bis ihm ein Engel erschien und ihm sagte, er solle sie zu sich nehmen. Das ist die esoterische Seite der exoterischen Erzählung, die ja durch ihren handfesten Wortlaut zu großem Streit über die sogenannte «conceptio immaculata» geführt hat. Ein Streit, der wie eine Mysterienhandlung vor dem Hintergrund des Ausblickes auf die alten Mysterien des Geists, des Sohnes und des Vaters anmuten kann. Es handelt sich ja bei diesen – um wieder einen anderen Aspekt anzudeuten – um die endzeitliche Verwandlung

des Astralischen,	des Ätherischen	und des Physischen	zu dem
Heiligen Geiste,	dem Sohne	und dem Vater,	die als
Geistselbst,	Lebensgeist	und Geistesmensch	

am Ende der Erdenentwicklung von dem Erdenmenschen ausgebildet sein werden.

Ein weiterer Aspekt ist durch die gnostische Logoslehre gegeben. In ihr wird der allgemeinen Weltvernunft, dem Nus, gegenübergestellt der Logos als das schaffende Prinzip. In ihm aber wurde, wie aus dem Prolog des Johannesevangeliums hervorgeht, der vorchristlich schaffende Christos gesehen.

Bevor wir nun zum Abschluß auf das «Geheimnis der Trinität» (Titel von Vorträgen des Jahres 1922[1]) eingehen, sei ein weiterer Aspekt betrachtet, der von Bedeutung ist, um sich in der Anthroposophie zurechtzufinden. Es ist dies das Prinzip des trinitarischen Denkens.

Um dieses kurz zu erläutern, darf aus der elementaren Anthroposophie das Wesen von Luzifer und Ahriman in Erinnerung gerufen werden. Es sind hohe Geistwesen, die sich in Vorzeiten auf anderen Wegen als denen der schaffenden Götter entwickelt haben, die aber ihre Einwirkungen mit Notwendigkeit in «unserer» Entwicklung entfalten, weil sie einerseits dem Menschen die Freiheit in der Opposition zu den Schöpferwesen ermöglichen und damit die freie Entscheidung, mit oder gegen den Götterplan zu handeln. Spricht man von den «Geschenken» dieser Wesen an die Menschheitskultur, so ist für alles Streben nach Wahrheit, nach Schönheit, nach idealem Aufschwung Luzifer zu danken. Ahriman hingegen wurde als Widerpart für die letzte Verdichtung der Materie zum «mineralischen» gegenüber dem «physischen» Sein von den Göttern zugelassen. Zugleich mit dem Sinnenschein schenkt seine vorirdische, kosmisch erworbene Intelligenz dem Menschen im Kampf gegen ihn die Härtung und Sicherung des eigenen Intellektes. Zu gleicher Zeit sind diese Mächte, Luzifer und Ahriman, die großen Versucher. Luzifer hat das Streben, den Menschen sofort zu vergeistigen, ihn zum Engel, aber zum unvollkommenen Engel zu machen. Ahriman möchte die Erde und mit ihr den Menschen zum Automaten machen. Kalter Intellekt ist seine Domäne, Überschwang der Begeisterung ohne Selbstkritik die von Luzifer.

Im christlichen Sinn soll der Mensch nicht diese Mächte nur meiden oder gar fürchten, vielmehr im Gleichgewicht ihrer Wirkungen den Mittelweg finden. Als Beispiel kann aus der neuzeitlichen Wissenschaft der Pendelschlag zwischen Kontinuismus und Atomismus dienen.[2] Wo der Kontinuist Kräfte hinträumt, die kontinuierlich den Raum durchziehen, findet sich, übersinnlich gesehen, luziferische Geistigkeit; wo der Atomist von Partikeln, etwa materiellen Atomen des 19. Jahrhunderts redet, ist nichts Materielles, dafür ahrimanische Geistigkeit. – Unter ahrimanischer Einwirkung entsteht Verwirrung in der Fülle der Einzelheiten, unter luziferischer der Einheitswahn, als könne die Wissenschaft überall ein und dieselbe sein. Das Streben nach übergreifenden Theorien in der Wissenschaft gehört auch in diesen Bereich.

Wir werden einem scheinbar entgegengesetzten Aspekt des Heiligen Geistes begegnen, wenn wir uns nun dem «Geheimnis der Trinität» (Titel einer Vortragsreihe) zuwenden. Gegenüber den konfessionellen Schilderungen handelt es sich um den Zukunftsaspekt des Pfingstfestes.

Nach der «Himmelfahrt», vierzig Tage nach Ostern, sind stellvertretend für die Menschheit die Jünger ohne den Auferstandenen. Er ist in einem übernatürlichen Leib während dieser Zeit unter ihnen gewandelt. Dieser, ein bis zur Tastbarkeit verdichteter Ätherleib, begleitet in diesem einmaligen Ausnahmeereignis auch von den höheren Wesensgliedern, welcher durch die Einwohnung des Christus-Geistes umgewandelt worden war, dieser Leib löste sich in dem Weltenäther auf, und es blieb das Versprechen einer Wiederkunft. Diese geschah – und das ist das Pfingstereignis – als Ausgießung des Heiligen Geistes, zunächst wiederum stellvertretend an die Jünger. Denn die Menschheit muß erst nach und nach reif werden für die Tatsache, daß der Christus-Geist sich mit der ganzen Erde verbunden hat. Fürs erste aber wird dem Menschen in der Gestalt des Heiligen Geistes ein Antrieb und Weg gegeben zu einer selbständigen Verbindung mit dem Christus. Dies ist, im Gegensatz zur vorchristlichen Führung der Menschheit, die einzige Möglichkeit des Wiederaufstieges aus der Verirdischung in Freiheit. Dadurch ist auch Licht geworfen auf den, für viele rätselhaften Satz, daß nur die Sünde wider den Geist nicht vergeben werden kann. Sie besteht nämlich in dem Sich-Wenden gegen diese Möglichkeit der Erfüllung des Götterplanes. Man darf vielleicht hinzufügen, daß dies ganz im besonderen für das bewußt gewollte Böse in Zusammenhang mit der schwarzen Magie gilt.

Man kann sagen, daß die Aufgabe der Anthroposophie in unserer Zeit nicht zuletzt darin besteht, in der Vielfalt der Meinungen das Wesen des Heiligen Geistes zu lehren. Das ist – und zwar wohl zu unterscheiden vom luziferischen Einheitswahn – die Einheitlichkeit des Geistes.

Gerade im Zeitalter des New Age ist es nicht unwichtig, nicht in weitherziger Toleranz alles, was sich geistig nennt, gut zu finden. Es kommt schon darauf an, die Inhalte des Geistes selbst zu erkennen. Dies schließt natürlich nicht aus, die imaginativen Bilder aus vielerlei Kulturen zu «lesen» als Ausdruck des einen wahren Geistes. Nur oberflächliche Pseudogeistigkeit soll hier abgewiesen werden.

Ein entscheidendes Moment der Vermittlung übersinnlicher Erfahrungstatsachen liegt darin, daß nur sie geeignet sind, dem menschlichen Gemüt bei der durch den Geist geforderten Sinnesänderung (der Metanoia) zu helfen. Mit einem drastischen Bild von Rudolf Steiner: «Man kann dem Ofen lange zureden, er soll Wärme geben; er tut es erst, wenn man ihn mit Holz füttert.»[3] Die Einsichten, von denen hier die Rede ist, sind in unserer Zeit das Holz für den Ofen.

---

1 GA 214.

2 Rudolf Steiner, Das Karma des Materialismus, GA 176, speziell der 2. Vortrag vom 7. August 1917.

3 Nach mündlicher Überlieferung.